再造卓越

HOW THE MIGHTY FALL
And Why Some Companies Never Give In

[美]吉姆·柯林斯/著
蒋旭峰/译

中信出版社
CHINA CITIC PRESS

图书在版编目（CIP）数据

再造卓越/（美）柯林斯著；蒋旭峰译. —北京：中信出版社，2010.11 (2018.7重印)
书名原文：HOW THE MIGHTY FALL: And Why Some Companies Never Give In
ISBN 978-7-5086-2388-7
I. 再… II. ①柯… ②蒋… III. 企业管理 IV. F270

中国版本图书馆 CIP 数据核字（2010）第 191265 号

再造卓越
ZAIZAO ZHUOYUE

著　　者：[美] 吉姆·柯林斯
译　　者：蒋旭峰
策划推广：中信出版社（China CITIC Press）
出版发行：中信出版集团股份有限公司（北京市朝阳区惠新东街甲4号富盛大厦2座　邮编　100029）
（CITIC Publishing Group）
承 印 者：北京诚信伟业印刷有限公司

开　　本：787mm×1092mm　1/16　　印　　张：15
插　　页：4　　字　　数：125千字
版　　次：2010年11月第1版　　印　　次：2018年 7 月第14次印刷
京权图字：01-2010-4681
书　　号：ISBN 978-7-5086-2388-7/F·2115
定　　价：39.00元

凡购本社图书，如有缺页、倒页、脱页，由发行公司负责退换。　　服务热线：010-84849283
http: //www.publish.citic.com　　服务传真：010-84849000
E-mail: sales@citicpub.com
author@citicpub.com

专家与媒体热评

银行为什么会倒下？主要驱动因素还是狂妄自大。吉姆·柯林斯这本恰逢其时的新作将骄傲狂妄自大作为企业衰落的第一步特征，这适用于银行业中的每一家企业。

——《金融时报》

亡羊补牢，犹未为晚。

——《经济学人》

电路城、雷曼兄弟、房利美，经济危机使得许多风光一时的公司风光不再。这本书向你讲述了如何从陷入衰落的企业中学习教训。

——《时代周刊》

《从优秀到卓越》之后，吉姆·柯林斯探讨了如何洞察一家成功企业可能走向衰落的细微特征，以及如何及时扭转颓势。

——《商业周刊》

如果说柯林斯之前的著作为企业如何追求卓越、永葆卓越提出了宝贵的见解，这本新作则引导企业怎样避免盛极而衰的发展路径。

——《泰晤士报》

这是吉姆·柯林斯探究企业生命周期布局最宏大的作品。

——《天下》

金融危机中众多偶像公司的坍塌再次证明，并没有强者恒强这一自然法则。伟大和衰败之间，有时也只有一线之隔。原因何在？柯林斯的新作将回答这一切。

——《环球企业家》执行主编　杨福

这是一本研究卓越企业走向衰落的为数不多的一本好书，值得所有企业经营者好好读一读。它会促使你自察反省，以免重蹈其他企业巨擘的覆辙。

——《哈佛商业评论》（中文版）主编　颜杰华

为满足全球客户需求，扩大营运规模是必须的，但过度扩充并不太好，正如柯林斯所言，企业的衰落过程有五个阶段，丰田现正处于第四阶段。

——丰田汽车公司总裁　丰田章男

“成功乃失败之父”。环境在急剧变化，一旦企业故步自封，狂妄自负，就会走向衰败。大多数卓越的企业走向衰落都不是“饿死”的，而是“撑死”的。而一旦企业知道每年“回零”，就能避免走向衰败。

——汇智咨询董事长、原中国惠普有限公司首席知识官　高建华

HOW THE MIGHTY FALL

目录

序一

HOW THE MIGHTY FALL

中国百年老店的症结到底在哪里？

记得《基业长青》出版的时候，我还在摩托罗拉担任战略经理，那时我很高兴，因为摩托罗拉是《基业长青》一书中的榜样，被称为“visionary company”，中文翻译为“高瞻远瞩的公司”。后来我到美国哥伦比亚大学商学院参与跨国公司的核心竞争力项目研究，接触了像通用电气、可口可乐等更多的“高瞻远瞩的公司”，从中学到了很多真正的使基业长青之道。

回国后，我写了一本书——《差距》，把中国的一流公司与世界一流公司作了一个对比研究，对比了海尔与通用电气，联想与戴尔，娃哈哈与可口可乐，华为与思科，波导与摩托罗拉，TCL与诺基亚，方正与惠普之间的差距，这本书出版之后，引起了很大的反响，我也因此结识了王石、李东生、柳传志等中国一流的企业家。当时我与这些一流企业家讨论的问题只有一个，那就是中国企业如何才能够成长为世界级公司，我们讨论的很多理论根据与内容，基本上就是从《基业长青》中学习到的。到现在，让我印象最深刻的就是，柳传志总从《基业长青》中引用的一句话："企业的领导人要从内部培养，而不是空降兵。"

十多年过去了，摩托罗拉已经从基业长青的榜样沦落到被迫要把手机业务分拆出去的地步。而我当时研究的方正、波导这样的明星企业，也基本上退出了一线阵营。而像吉利、比亚迪、腾讯、分众传媒这样一些新兴公司则成为一线新星。与此对应的是，华为、万科高歌猛进，联想与TCL经历了国际化业务反思之后，进入新一轮反攻。一句话，失败者很快被人遗忘，中国经济的舞台上仍然是"成功学主导"的强者逻辑。

所以，读到柯林斯这本新书，我感到了一种震撼，这种震撼甚至超越了当年读《基业长青》时的感觉，因为这是一本研究"如何失败"而不是研究"如何成功"的书。为什么同样的两家公司，经营模式相仿，营业收入和利润相近，而且都有坚定果敢的商业领袖来掌舵，两条曲线却突然分离，一家企业的曲线拐头向下急坠，而另一家企业的曲线则持续上行？

《基业长青》研究的是上行的公司，而本书研究的是向下急坠的公司，这本书要回答的是一个基本的问题：一流公司为什么在成功之后走向了失败?

柯林斯的回答是，狂妄自大是任何公司进入衰落的必然征兆，或者说是衰落的第一阶段。在狂妄自大的自恋性环境中，企业的领导者会不计后果地贸然进入新领域；会以牺牲卓越绩效为代价追求增长；会在面临前后不一致或者对己不利的决策信息时，依然作出激进、冒失的决定；会否认企业因为外部威胁或内部瓦解而陷入困境的可能性!

我想，这就是这本书让我感到震撼的原因，作为一个关注与研究中国一流企业的管理咨询专家，我几乎每天都在关注这些企业的走向，就在前几天，我在博客上写了自己的感想《万科应当放弃争房地产第一》，在一个错误的时间、错误的地点与错误的游戏规则中去争第一，不应当是万科的战略。我很喜爱万科这样的公司，更尊重王石做公司的逻辑，这是一家最有希望进入“伟大”之列的公司。因此，特别不希望万科成为柯林斯所描述的“狂妄自大”的公司。目前中国绝大多数一流公司可以对照一下柯林斯对“狂妄自大”的描述，根据自己的所作所为判断自己有没有患上这种自大症?

而事实上，“自大症”只是走向衰落五个阶段中的第一个台阶，柯林斯说，任何一家失败的公司，都可能从衰落的五个阶段中找到相应的解释，这是因为失败永远都是“对规律的背叛”。过去，我对柳传志从《基业长青》中得到结论，即一定要从企业内部选接班人有些不以为然，但在这本书中，我觉得柯林斯说服了我，这倒不是因为他的数据分析，他说："在对公司衰落路径进行研究的过程中我们发现，'外来空的降兵'往往更容易把情况搞砸。2/3的从外部聘请首席执行官的公司没有让公司实现腾飞。"

真正说服我的，是柯林斯对"使命"与"价值观"的强调，很多伟大的公司当年都是出于比赚钱更崇高的目标而创建企业的。医药巨头默克公司的创始人乔治·默克二世一直孜孜以求地想要治病救人。摩托罗拉之父保罗·高尔文当年痴迷于如何通过挖掘人的创造力潜能来实现持续创新。惠普的两位创始人比尔·休伊特和戴维·帕卡德认为惠普存在的目标就是要给世界带来技术贡献，而赢利只是衡量这一目标的手段而已。经济学中有一个词叫"路径依赖"，意思是我们未来的行为很大程度上依赖于我们过去的历程，如果一个人没有经历共同的打拼，要继承这种使命与价值观是很困难的，而这种使命与价值观才是企业基业长青之道。

比如山姆·沃尔顿选了低调的戴维·格拉斯做接班人，而戴维·格拉斯从山姆·沃尔顿那里学到了很重要的一点，沃尔玛的存在并不是让它的高管满足自我膨胀的欲望，而是为它的顾客而存在的。当然，柯林斯没有忘记IBM的郭士纳也是从外部空降的，但柯林斯研究的结果是，郭士纳真正所做到的，恰恰是IBM创始人沃森所强调的：顾客至上的客户精神。

我觉得，这一强调在中国今天的现实中有着非常明确的价值含义，那就是使命与价值观是对利润与机会的平衡，在一个浮躁的商业社会中，我们如何拒绝诱惑？柯林斯用惠普创始人戴维·帕卡德的名字给这一现象命名为“帕卡德定律”，用来说明一个现象：公司在衰落中遭遇的问题并非因为扩张本身，而是因为盲目扩张，一家卓越的公司之所以会消亡，往往是因为机遇太多而不是因为机遇太少。

读本书的时候，我经常边读边停下来，因为每读一点儿，就会因类似这样的精辟分析或结论而沉思良久。与《基业长青》研究如何使基业长青比起来，本书更有价值，因为我觉得经历了几十年的高速增长之后，中国企业更需要的是从失败中学习，记住一点，爬上一座高山也许需要10天，而掉下来却只需要10秒。登顶固然是成功的，但对于今天的大部分企业家来说，安全下山也许更为重要。

北京锡恩管理顾问公司创始人　姜汝祥

2010年中秋于北京

序 二

HOW THE MIGHTY FALL

看完了吉姆·柯林斯的这本书，我第一个强烈的感觉就是：这本书太应该在中国出版了，这本书所讨论的案例虽然没有一个是中国的，但我们在中国到处都可以找到同类案例、书中的案例分析和思想，它同样适用于中国的企业。因此，作者在书中所表达的思想对中国企业界有着重要的借鉴和警示作用。

作者在书中将企业衰落过程分为五个阶段：狂妄自大、盲目扩张、漠视危机、寻找救命稻草、被人遗忘或濒临灭亡。作者所作的这种概括非常深刻，揭示了卓越公司走向衰落的根本原因，抓住了卓越公司走向衰落的共同特征。出现衰落的卓越公司虽然所处行业不同，规模和经营模式不同，但衰落的过程和特征却是同样的。

作者将卓越企业走向衰落的第四个阶段，概括为“寻找救命稻草”，但是救命稻草往往是不能救命的，因而企业只能走向消亡和被社会所抛弃。我国企业在“寻找救命稻草”这个阶段，虽然有许多方式和国际企业有着共同点，但极具“中国特色”：例如，将国际上的一些投行作为“救命稻草”，与这些投行“豪赌”，但都以失败而告终，成为这些投行的“猎物”。而且赌输之后，又往往乞求保护民族工业这根“稻草”，试图以同情换得支持的力量，以挽救败局。尤其是有些企业在“寻找救命稻草”中，还不惜触及法律底线和道德底线，结果是不仅不能救自己，而且还会做出违法及违反社会道德底线的蠢事。

作者对卓越公司衰落的五个阶段的分析，对中国企业非常有警示和借鉴作用。我国在改革开放中出现了许多好公司，但是它们也存在着书中所描述的衰落企业的各种征兆，衰落企业的五个阶段的特征在中国不少企业中都表现得非常明显，若不能克服这些问题，这些企业同样也会衰落下去。因此，这些企业的领导者应该好好读一读这本书。

作者在书中表达了一个很重要的思想，或者说，揭示了一种趋向：卓越企业往往容易走向衰落，使得基业难以长青。这个揭示很有意义。为什么卓越企业往往容易走向衰落？因为这些企业的负责人经常处于各种光环的包围中，因而容易忘乎所以，过高地估计了自己的能力，甚至将自己在某个产业上的分析判断能力，扩大到自己是任何产业中的常胜将军；而且将自己抓住了一次机会，当做自己将永远能抓住机会，结果是自己走下了神坛。我常常看到一些企业家经常出入于大学的报告厅，为大学生传经送宝。诚然，大学确实需要这些成功的企业家来介绍成功的经验，激励年轻人。当然，这些人也需要到大学谈经论道，但不能过度，企业家就是企业家，企业家不能成为教授。尤其是有些企业家在别人的忽悠下开始乱吹，自己把自己当成“神”了。甚至为了抬高自己，不惜造假文凭，伪造家族历史，搞出所谓各种“世家”的光环。既然成了“神”，当然就不能像凡人那样来关注企业发展了，必然会疏忽管理，就像“皇上不理朝政”一样，其失败是必然之路。因此，要实现基业长青，就必须清楚基业为什么不易长青。

作者写作本书的目的，并不是为了说明企业都难以摆脱衰落的命运，而是为了最终让企业摆脱衰落的命运，从而实现基业长青。避免衰落和实现基业长青的唯一办法，就是要不断地看到自己的弱点和局限，在创新中克服弱点和局限。当然，克服了原有的弱点和局限，还会出现新的弱点和局限，因而企业需要不断地创新，通过新的创新克服新的弱点和局限，这是一个永恒的过程。在这个过程中，衰落是可以避免的，衰落也是可以逆转的。因此，实现基业长青和避免企业衰落的唯一办法，就是不断地创新和调整，基业长青只有在动态中才能得以实现。

希望中国企业能以此书为镜子，在其中看到自己，并且能够自觉地调整自己，消除弱点和局限，从而实现基业长青。

清华大学中国经济研究中心主任　魏杰

序 三

HOW THE MIGHTY FALL

这本书是知名管理大师吉姆·柯林斯的最新著作。他的名著《基业长青》、《从优秀到卓越》中文译本在中国企业界、管理学界都获得了广泛的好评，可以预见这本著作必将在中国获得成功。

这本书从美国（西方）企业的实践，非常生动而深刻地分析了卓越企业如何面对衰落的难题，如何各显神通自救，从而总结出一些非常有价值的管理理念。这在经历着这场尚未结束的全球金融危机、不知如何走出泥沼的企业而言，无疑是雪中送炭。

当然，它是从美国或西方的企业实践出发的，管理理念也深深打着西方哲学和价值观的烙印，中国读者首先要善于吸收那些对全人类都具有普适性的东西；其次，那些先进企业今日碰到的问题，可能正是我们即将碰到的或明天可能碰到的问题，从中汲取经验教训可以让我们防患于未然；而最重要的是，善于发现那些先进企业实践背后潜在的科学原理，然后与当代中国企业实践相结合，找出中国自己的使基业长青的企业管理理念和方法来。

我荣幸地被邀写序，成为第一批读者。但我的体会不能代替读者的体会。还是请读者自己阅读本书吧！

中欧国际工商学院名誉院长 刘吉

前言

HOW THE MIGHTY FALL

我感觉自己像是同时要吞食两个大西瓜的巨蟒，有些难以兼顾。对于本书所谈论的内容，我最初只是想要写一篇文章，当时我的主要精力放在创作下一本书上，写篇文章姑且算是在繁忙劳顿中让自己放松一下。当时我想创作的那本书基于和同事莫滕·汉森一个长达6年的研究课题，探索的是在这个瞬息万变、难以掌控的世界上，有什么是能够永恒的。不过，企业帝国的陨落轨迹难以在一篇文章中阐述清楚，最后写就了这本并不算厚的书。我本来打算在写完和莫滕·汉森合作的书之后再来创作这本书的，可就在这一阶段，多家企业帝国开始分崩离析，在我们周围出现了企业的多米诺骨牌效应。

2008年9月25日，我坐在美国联合航空公司的空客飞机上写作本书的前言，对于洪水猛兽般的巨变感慨万千。曾在《财富》

500强中名列第156位的贝尔斯登公司从神坛上掉了下来，被摩根大通收购，而且整个交易是在一个周末仓促达成的。雷曼兄弟公司在经历了158年的辉煌之后，也陷入了破产的绝境。房利美和房地美危机缠身，最后只得被政府接管。美林证券公司代表了美国近一个世纪以来的辉煌，最后也没有逃脱被收购的厄运。步履蹒跚的华盛顿互助银行（Washington Mutual）差点成为历史上面临破产的最大的商业银行。美国政府仓促地展开了大规模收购私有资产的动作，这是70多年来罕见的，美国政府此举是为了避免再一次大萧条的出现。

有一点我想要说清楚，这本书并不是谈论2008年金融危机的，也完全不是为了阐述如何修复支离破碎的金融市场体系。早在3年前，我就有进行这方面创作的想法，因为我对历史上最卓越的公司为何会衰落很感兴趣，其中一些公司还是在《基业长青》和《从优秀到卓越》两本书中研究过的企业。本书的目的是，通过深入研究向读者展示组织衰落的路线图，这对那些貌似坚不可摧的公司也一样适用，它可以帮助这些企业的领导者更好地避免重蹈覆辙。

本书并没有仅仅谈论昔日业界巨鳄江河日下的案例，而是着眼于我们能从中得到什么收获，从而更好地将其付诸实践。如果能够深刻认识到本书中所探讨的企业衰落的五个阶段，那么领导者就可以尽可能避免企业从巅峰摔落到谷底的命运。衰落是可以避免的，我们也可以尽早地察觉导致企业衰落的原因。只要你的企业没有深陷衰落的第五阶段，那么改弦更张还是来得及的。帝国可能会衰落，但是它们也能再续辉煌。

吉姆 · 柯林斯

写于美国科罗拉多州博尔德市

HOW THE MIGHTY FALL

导言

危机悄然降临

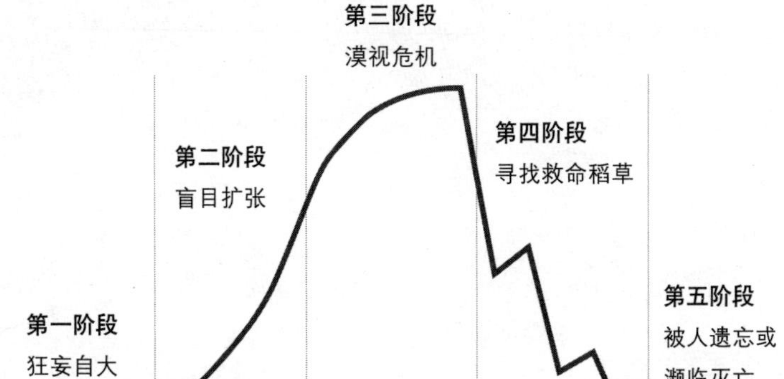

2004年秋天，我接到了领导人学会（Leader to Leader Institute）创始人弗朗西斯 · 赫塞尔本（Frances Hesselbein）的电话，“世界大企业联合会和领导人学会想邀请你来西点军校，为一些优秀学生做一堂讲座。”

“学生都是些什么人呢？”我问道，脑子里浮现出了许多军官坐在一起的场景。

“12位美国陆军将军，12位公司首席执行官，还有12位社会组织的领袖，”弗朗西斯 · 赫塞尔本告诉我，“他们会分成6个小组，每个小组里都有两名来自军队、商业和社会领域的领袖。他们真的想对一个话题进行深入讨论。”

“什么话题？”

“话题很棒，我想你肯定也会喜欢的，”停顿片刻后，弗朗西斯 · 赫塞尔本说道，“话题就是：美国。”

美国？我迟疑片刻。面对这样一群各界精英，关于这个话题我又能教给他们什么呢？之后，我又想起了我的恩师比尔·拉齐尔（Bill Lazier）教给我的授课诀窍：在课堂上，不用搜索枯肠地给出正确的答案，只需要想办法提出好问题。

我静下心来思考，几经犹豫，最后提出了这样一个问题：美国正在延续自己的辉煌，还是陷入了从卓越退化到优秀的危险边缘？

我之所以抛出这样一个兼顾正反两方面的问题，本意只是不想有失偏颇，结果没想到它在西点军校引发了激烈的讨论（我坚信美国有责任不断地续写辉煌，美国在过去也一直做得很好。参与讨论的一半人认为美国同以往一样强大，而另一半人则认为美国正蹒跚于衰退的边缘。历史一再表明，强者也是会摔跟头的。古埃及帝国、古克里特王国、中国周朝、赫梯帝国、玛雅文明都从盛极一时走向了衰落。同样，古雅典、古罗马也走向了衰败。连英国这样一个持续了一个世纪繁荣的全球超级大国如今也是日暮西沉。美国也将是这样的命运吗？还是美国总会找到摆脱衰败的良方，不辜负林肯总统提出的“美国是地球上最后一个福音”的期待呢？

讨论的间歇，美国一家知名企业的首席执行官把我拉到一旁说：“我觉得我们的讨论发人深省，一个上午我都在结合你谈的内容来对照我公司的情况。”他一边沉思一边告诉我说：“最近几年，我们公司取得了突飞猛进的成就，不过我对此也有担忧。我想知道的是，你是怎样预知的呢？”

“什么意思？”我不解地问道。

“当你站在世界顶峰时，当你的国家是世界上最强大的国家时，当你的公司成为业界翘楚时，当你成为某个领域绝对权威时，你表面上的辉煌成就有可能掩盖你已经在走下坡路的事实。因此，我想知道，你是如何预知这种趋势的呢？”

他的这个问题激发了我的想象力，也成为我创作这本书的原动力之一。在科罗拉多州博尔德市的研究室里，我和研究团队之前也探讨过公司衰落的可能性，其中一个原因就在于创作《从优秀到卓越》和《基业长青》时研究的一些公司已经没有了昔日的辉煌。一方面，这一事实并不会让我们感到困惑，因为一家企业陷入了低谷，并不意味着研究它在巅峰时期的表现就没有任何意义。但在另一方面，我自己也开始越来越感兴趣：强者为什么会衰落呢？一些昔日的行业帝国为何基业难以长青呢？我们从中能够得到怎样的启示？后人又该吸取什么教训，避免重蹈覆辙？

从西点军校返回家后，我的脑子里充满了创作的兴致，我想要把自己的兴趣火花转化为实实在在的研究动力。能否在企业衰落的早期就发现苗头并实现逆转呢？或者争取更理想的局面，给企业开出抗衰落的预防药？我开始将衰落与疾病等同视之，比方说就像癌症一样，肿瘤在你的体内，但你看起来还是强壮健康。我的这个比方也许并不完美，后面我们还会进一步探讨，和癌症不同，衰落的企业都是咎由自取。然而，这个疾病的例子还是有些帮助的。我不妨和大家分享一段自己生活中的经历。

2002年8月的一天，风和日丽，我和太太乔安妮来到科罗拉多州阿斯彭市的静电峰，我们打算一路小跑翻越这座山峰。我们从大约9 800英尺[①]高处开始跑，说好要冲上13 000英尺高的山顶。大约跑到11 000英尺高的山路上时，因为感到缺氧，我只能放慢脚步，乔安妮则继续向山顶攀登。因为高海拔缺氧的原因，高山上没有参天大树，只有稀疏的灌木丛和耐寒的高山花卉。透过低矮稀疏的植被，我看到穿着亮红色运动衫的乔安妮远远地跑在了前面，沿着之字形的爬坡路线向山顶冲刺。可是，仅仅过了两个月，乔安妮就被诊断出患有乳腺癌，需要切除两个乳房。回顾我们两个月前爬山的经历，我头脑中浮现出乔安妮风风火火冲向静电峰顶时的情景，想必当时癌细胞已经侵入她的身体了。乔安妮看似健康、实则患病的模样一直停留在我脑海之中，也让我想到了关于企业衰落的这样一段比喻：

> 我认为企业的衰落和人患病是有相似之处的：患病早期，不容易察觉，但却容易治愈；等到病入膏肓的时候，很容易察觉，但却很难根治了。企业也一样，表面看起来或许坚不可摧，其实已经病入肌体了，很有可能会一落千丈，坠入深渊。

① 1英尺＝0.3048米。——编者注

我们很快就会对这一观点进行深入研究，不过我们首先还是来看一家极其成功的美国公司衰落的故事。

为何一些没有否定早期研究的卓越公司难以基业长青

在之前的研究中，我们发现的一些原则并非基于这些特定公司现在的强项和危机。我们不妨这样来看待这个问题：如果我们把健康者与病人进行对比研究，那么我们可能会推导出睡好觉、饮食平衡、适度锻炼等有益健康的原则。如果原先健康的研究对象开始不按时睡觉、不好好吃饭、不再锻炼，那么请问睡好觉、饮食平衡、适度锻炼还算是养生之道吗？答案不言而喻。

我们不妨再分析另一个例子：假设我们研究20世纪六七十年代加州大学洛杉矶分校的篮球队，因为有传奇教练约翰·伍登（John Wooden）执教，该球队10次荣获美国大学篮球联赛的全国冠军。假设我们将伍登带领的加州大学洛杉矶分校熊队与这一时期某个类似大学院校的球队对比分析（后者没能取得这样的辉煌成就），以及在不同的运动领域反复进行这样的对比分析，我们会得出打造辉煌球队的一系列原则。如果加州大学洛杉矶分校熊队后来没能坚守这些原则，也没能再继续书写约翰·伍登时代的辉煌，我们就能因此怀疑约翰·伍登时代熊队制胜原则的正确性吗？

同样，在《从优秀到卓越》一书中，我们总结出了公司因为积极转型从而实现15年以上卓越表现的成功法则。我们当时所作的研究并没有想要预测那些公司在15年之后依然能够基业长青。实际上，正像本书所揭示的那样，即便是最强大的公司也有可能自我毁灭。

身临险渊却全然不知

1906年4月18日清晨5点12分，在加利福尼亚州圣马特奥市，艾曼迪奥·彼得·吉安尼尼（Amadeo Peter Giannini）突然有一种异样的不安感，他先是感觉到一阵剧烈的晃动，接着是一阵轻微的晃动，同时远处还伴随着像火车驶过一般的轰鸣声……死一般的沉寂。一秒过去了，两秒过去了。突然，“砰”的一声巨响，艾曼迪奥·彼得·吉安尼尼的房子就开始前后晃动、摇摇欲坠了。在离当地17英里远的北部城市旧金山，地上充满了地下涌出来的岩浆，地震造成的地层大断裂导致地下的岩层飞溅街头，街道满目疮痍、建筑物倒塌、输油管爆炸、火光四起。

吉安尼尼不久前刚在加利福尼亚州创办了意大利银行，他想确认一下自己的企业到底怎样了，于是先坐火车，然后步行走向市区。他一路艰辛跋涉了6个小时才来到了城里，城里的居民和他走的方向完全相反，恨不得马上就逃离市中心。大火向银行的办公楼蔓延，吉安尼尼必须马上去抢运银行里的现金。不过，罪犯正在废墟中抢劫财物，这迫使当地的市长发出严厉的禁令："如果发现有人在趁火打劫或在实施其他犯罪行为，我授令警察可以开枪将其击毙。"在两个员工的帮助下，吉安尼尼把自己银行里的现金藏在了两车橘子筐下，趁着夜色运回了圣马特奥，把钱藏在了自家的壁炉里。第二天早上，吉安尼尼回到了旧金山，结果和其他银行家发生了争执，这些银行家想在半年内暂缓放贷业务，而吉安尼尼则表示要趁热打铁，第二天就要重新开张。他大声宣告说："我们要重建旧金山。"

当小企业最需要钱的时候，吉安尼尼把钱贷给了小企业。作为回报，这些小企业也把自己的钱存进了吉安尼尼的银行里。在旧金山从混乱回归有序、从有序转向增长、从增长到繁荣的岁月里，吉安尼尼把越来越多的钱贷给了小企业，小企业也把更多的钱存进了他的银行。伴随着每一笔给小企业的贷款、每一笔贷款的进账、每一家新分行的开张，吉安尼尼的业务遍布整个加利福尼亚州，并把自己的银行改名为美国银行（Bank of America）。1945年10月，美国银行一跃超过备受尊敬的大通国民银行（Chase National Bank），成为了全球最大的商业银行（大通国民银行收购了美国银行并沿用了后者的名字，此处所说的美国银行并非大通国民银行）。

在过去的30年间，美国银行声名鹊起，成为美国公认的最佳经营公司之一。《哈佛商业评论》1980年1月刊登的一篇文章简明扼要地指出："很多人了解美国银行或许是由于它的规模巨大，因为它是全球最大的银行，在全球100多个国家拥有1 100家分行，资产总规模达1 000亿美元左右。在很多了解美国银行的人看来，这家银行的管理水平一样超越同行的管理水平。"

如果有人在1980年就预测了美国银行8年后的衰落局面，哪怕仅仅是提出这种假设，那么他都会因为这种悲观论断而遭到诟病。他或许会预测说，美国银行不仅会从全球最成功公司的宝座上摔落下来，还会成为美国银行界有史以来亏损最多的企业，金融海啸将使得美元汇率节节走低，股价大幅缩水80%，它面临加利福尼亚州一家竞争对手的收购，在53年的时间内，美国银行第一次减少红利发放金额，将公司总部大楼出售以缓解现金流危机，吉安尼尼家族最后的一名董事愤然离开了公司，首席执行官被赶下台，一名已经退休的前首席执行官被请回来以挽救公司，忍受着各大媒体的抨击，挖苦，像是"银行大鳄铩羽而归让人匪夷所思"、"公司和各路精英走下坡路"之类的标题……而这正是美国银行后来的命运。

如果像20世纪70年代末期美国银行这样的业界翘楚都摆脱不了一落千丈的悲剧，衰落到如此程度，衰落的速度如此之快，那么任何强者都避免不了走下坡路的命运。如果像摩托罗拉、电路城

（Circuit City）这种曾经是众人眼中成功的典范都摆脱不了衰退的命运，那么任何公司面对衰落的攻击都将难以幸免。如果像真力时（Zenith）和大西洋–太平洋茶叶公司（A&P）这类业界巨头最后都退步到无人问津的田地，那么我们所有人看待自己的成功时都应该小心谨慎才对。

每个企业都是有弱点的，不论它看起来多么卓越。不论你已经取得了多少成就，不论你在万里长征的路上已经走了多远，也不论你已经积蓄了多少能量，你依旧很难摆脱衰落的命运。世上并没有强者恒强这样的铁律。每个企业都有可能走向衰落，事实也正是如此。

我可以想象得到，有些人在读到这里时禁不住会想："天哪，我们必须得改变才行！我们要采取大胆、创新、前瞻之举。我们必须要改变局势，不能让衰落发生在我们身上！"

莫急，不要这么仓促地下定论！

1980年12月，美国银行选出了一位新首席执行官，这让整个世界大跌眼镜。《福布斯》杂志把这一选人过程比做"遴选教皇一般"。美国银行的26个董事在封闭的会议室里开会，就好像是红衣大主教举行秘密选举会议一样。你或许以为，美国银行最后之所以衰落，是因为这个首席执行官人选不理想，他可能是个50多岁的老

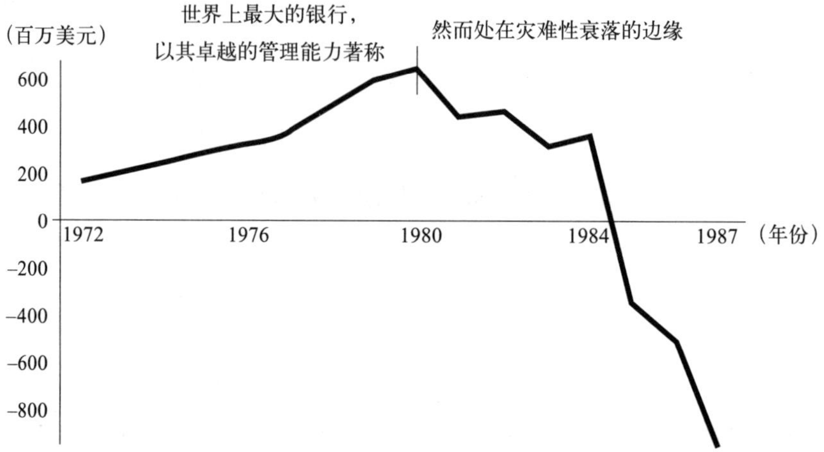

美国银行1972~1987年的净收入

绅士，一个冷漠无情的官僚，一个因循守旧、不能顺应时势变化的银行大佬，一个没有远见、不够果敢、不会开拓新商业机会和新市场的人。

但事实并非如此。美国银行董事会选出了一位年方41岁、锐意进取、高大健硕、能言善辩、英俊潇洒的首席执行官塞缪尔·阿马科斯特（Samuel Armacost）。阿马科斯特信誓旦旦地告诉《华尔街日报》，美国银行需要“奋起直追”。接管美国银行7个月后，阿马科斯特就以低价买下了嘉信理财（Charles Schwab）。这一激进的做法触及了《格拉斯-斯蒂尔法案》的底线，它不仅让美国银行开拓了一项新业务，也养了一群自大无礼的高管。阿马科斯特还策划了当时美国历史上最大的洲际银行业收购案，美国银行花巨资并购了总部在西雅图的Seafirst。阿马科斯特斥资1亿美元风风火火地在加利福尼亚州增设了很多自动取款机，本来美国银行在这方面落后于竞争对手，经过这个项目的努力，美国银行成为在该州拥有自动取款机最多的银行。阿马科斯特提醒手下的经理人说："我们不能再等着从别人犯的错误中吸取经验教训。让别人跟我们学吧！"美国银行终于出现了一位领袖。

阿马科斯特摒弃了美国银行的一些陈规陋习，关闭了一些分行，废除了终身聘用制，并引入了更多的薪酬激励机制。美国银行的一位高管在谈到企业文化的变化时说道："我们正在努力将表现最优异的员工和无所事事的员工区别对待。"阿马科斯特让旗下嘉信理财的负责人继续给购买宝马、保时捷、捷豹等豪华车的买主提供融资支持，这一做法让那些只给福特、别克和雪佛兰车的买主提供融资支持的传统银行家们很恼怒。阿马科斯特聘请了一位著名的咨询师来提供改革意见，通过变革过程为员工提供指导。《商业周刊》杂志把这里发生的情况比做宗教信仰的改变（美国银行"重生"了），《华尔街日报》则把这里发生的情况形容为银行界的大变革。阿马科斯特自豪地宣称："没有任何金融机构会出现这样翻天覆地的变革。"尽管阿马科斯特有这样的领导力，有这么多的变革，作出了这么多锐意进取的尝试，但美国银行却从年净利润6亿美元的高峰开始走下坡路，1985~1987年间美国银行的损失堪称银行史之最。

平心而论，在阿马科斯特接任美国银行首席执行官以前，它已经处在衰落的边缘了[①]。我列举这一案例并不是要诋毁阿马科斯特，而是想要证明尽管他竭尽变革之能事，但美国银行依然在众目睽睽之下低下了高昂的头颅。显然，要将自己从衰落的沼泽中挽救出来，并不能仅仅只依靠“不变革，必死亡”这一剂药方。美国银行改变颇多，甚至因为这个原因而将自己逼上绝境。对于衰落的发生原因，我们应有一个更细化、准确的理解，这也就是我们所研究的并向大家展示的衰落的五个阶段。

企业衰落的五个阶段

从某种意义上来说，我和我的研究团队多年来一直在关注为何有些企业会衰落，为何有些企业会碌碌无为。之所以这样说，是因为我们在研究时注重对照分析，在将卓越企业和平庸企业比较的过程中，我们会提出这样一个问题：“两者的差距到底在哪儿？”最初，我们关注的重点是如何打造一家卓越的企业，这是一个非常令人愉快的研究课题。不过，有了在西点军校的体验之后，我想把研究课题换个方向，关注原本卓越的企业是如何走向衰落的。这一命

① 如果你想详尽地了解对这一案例的阐述，可以参考加里·赫克托（Gary Hector）极有影响力的佳作《分崩离析——美国银行的衰落史》（*Breaking the Bank: The Decline of BankAmerica*）。

题让我很感兴趣，我也和研究团队的其他人开玩笑说："我们开始关注问题的黑暗面了。"

研究历程

通过之前对企业的研究，我们积累了大量的研究资料，涉及的各家公司的"生命周期"加在一起长达6 000年，其中既包括一堆堆装在箱子和文件夹里的档案材料，也有70多年前的老财务报表，还有大量统计年鉴和财务分析报告。我们希望通过对数据的精确研究，找出那些曾经走向卓越、之后又步入没落的公司案例。我们认真分析了创作《基业长青》、《从优秀到卓越》两本书时所收集的60家企业的相关资料，通过全面研究，我们选取了11家经历过从辉煌到衰落历程的企业，它们是大西洋-太平洋茶叶公司、信件和文件复印机公司（Addressograph）、埃姆斯百货公司（Ames Department Stores）、美国银行（与万国银行合并之前）、电路城公司、惠普公司、默克公司（Merck）、摩托罗拉公司、乐百美公司（Rubbermaid）、斯考特纸业公司（Scott Paper）以及真力时公司。我们又及时更新了这些公司的研究数据，并通过财务指标、运营模式、公司愿景、经营战略、组织架构、企业文化、领导力、科技支撑、市场、环境和竞争力等多个维度，对这些公司的历史进行了深入剖析。我们在分析这些公司的时候，着力于探究两方面的问题：第一，是什么导致公司出现了明显的衰落迹象；第二，衰落迹象出现后，公司又做出了什么样的对策。

衰落五个阶段也是在这一研究框架下提出的，但是在我们进行深入探讨之前，我还想把自己在研究过程中碰到的一些要点梳理出来。

复苏中的公司：当你看到这本书的时候，我们的研究所涉及的一些公司，其经营也许已经有了起色。例如，默克公司和惠普公司或许已终止了每况愈下的衰落之势，但它们是否能够持续强劲复苏的态势依然有待观察，不过至少在我们创作这本书的时候，它们的业绩已经有所改善了。这也给我提出了一个重要的子课题：曾经辉煌一时的公司可能会轰然倒地，也有可能东山再起。对于读者而言，有一点很重要，那就是要理解我们的研究目的：我们作这项研究，并不是要向世界宣称哪些公司如今是业绩斐然的，或者预言哪些公司将成为业界翘楚，抑或断言哪些公司在未来将走下坡路。我们之所以研究这么多公司过往的业绩表现，目的就是剖析公司走向卓越（或是衰落）过程中的内在动因。

房利美和其他在2008年破产的金融机构：2005年，当我们在自己的资料库中选取衰落的公司作为研究对象时，房利美以及其他金融机构的表现还不至于糟糕透顶。如果我们现在说想研究这些公司的话，就会给人一种不严谨之感；但同时，如果我们忽视了在这场史无前例的金融风暴中，这么多金融巨头破产的案例（尤其是房利美，它曾经是一家从优秀发展到卓越的企业），这又使研究缺少普遍意义。然而，我并没有因为媒体铺天盖地地报道这些企业，就匆匆忙忙地把它们都纳入研究范畴，而是专门在附录3中对房利美给予了简明扼要的评价。

成败对照分析：在我们的研究过程中，有一个对照分析法贯穿始终。我们最关心的问题并非“成功的企业有何共性”或者“失败的企业有何共性”，我们最关心的问题是“如果将成功企业和失败企业进行对比，会出现怎样的差距”。为了进行这样的分析，我们挑选出一些和衰落型企业同时期的成功企业案例，将两者进行对比剖析（附录2列举出了挑选这种对照企业的方法）。为了能让大家有一个更直观的理解，我们特意绘制出了“对照研究图”。在20世纪70年代初，埃姆斯百货公司和沃尔玛还难分伯仲（我们后面会更详细地阐述这组对照分析企业）。两家企业的经营模式相仿，营业收入和利润相近，都实现了爆发式增长，而且都有坚定果敢的商业领袖来掌舵。在该图中，你也能够发现，在十多年的经营历程中，两家企业的股价表现远超过大盘的平均水平，两家企业的赢利曲线也很趋近。可是，突然间两条曲线开始分离，一家企业的曲线拐头向下急坠，而另一家企业的曲线则持续上升。为什么会出现一家企业衰落而另一家企业繁荣的反差局面呢？这一对比案例充分凸显了我们的对照分析方法。

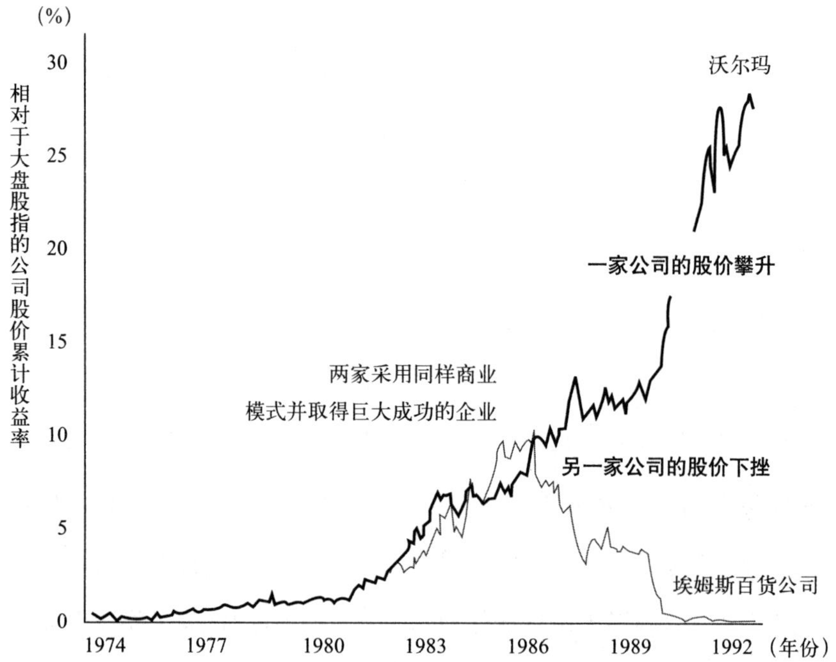

对照分析：为什么某家公司的股价会下跌而另一家公司则不会

资料来源：所有股票收益率数据均来源于芝加哥大学商学院研究生院证券价格研究中心，作者得到授权使用，该中心网站www.crsp.chicagobooth.edu。

相关性，并非因果关系：我们在研究中所揭示的变量与我们研究的绩效模型是有关联的，但是我们并不能断言两者之间存在因果关系。如果我们在研究的时候能够进行双盲性、预测性、随机性、安慰剂效应实验，那么我们就可以建立预测公司业绩的模型。但是，在真实的商业世界中，这样的实验是不存在的。因此，百分之百肯定地去推断原因和影响也是不可能的。也就是说，我们在研究中使用对照分析的方法，比我们只研究成功或失败更有把握得出较为准确的结论。

历史分析的优势：我们在进行研究的时候采用了分析公司历史的方法，完整地研究了公司从创立到我们研究时的持续表现，关注公司在不同领域内的成就。我们收集了财务报表、年报、关于公司的主要报道文章、书籍、学术案例研究资料、分析师报告和行业参考文献。这一方法之所以重要，是因为如果我们只是去看回顾性的评价和采访，更容易得出谬论。我们不妨来看一家成功企业的案例，如果我们只去研读关于美国西南航空公司成功的回顾性评价文章（这些文章会带有作者的主观评价色彩，作者了解的多是该公司成功的地方），得出的结论有可能会有偏差。例如，有些文章就指出，美国西南航空公司之所以能取得商业上的成功，是因为公司首创了一种独特的、具有创新性的机型（其中的一个原因是文章的作者认为成功者必然是创新者）；可事实上，如果你仔细研读历史资料，你会发现20世纪60年代末期，美国西南航空公司的飞机大部分都是模仿太平洋西南航空公司（Pacific Southwest Airlines）的机型。如果我们只是依赖这类回顾性的文章，那么就有可能错误解读美国西南航空公司成为卓越企业的原因。

因此，当我们在构建研究框架的时候，主要就是着眼于结果未知之前事情发生的真正时间。我们是按照时间顺序依次来研读这些事件的。人们在历史上每个时间节点公布资料的时候，并不清楚公司最后会取得成功还是失败，这样就可以避免在知道结果后持有的偏见。例如，我们收集了真力时在20世纪60年代早期的资料，当时真力时一帆风顺，处在行业的巅峰。我们收集的材料能让我们如实地审视真力时当时的情况，不受真力时后来陷入困境这一变化的干扰。采访的内容对我们的研究来说作用不大，在创作本书的过程中，我们并没有对现任或刚卸任的管理者进行采访（人们在接受采访的时候，总有自圆其说的冲动）。当然，历史资料也并非完美无缺，公司会有选择性地剔除公司年报中的一些负面信息。就像记者在写文章的时候也有可能带着成见，我自己在回顾过去的时候也很难完全抛弃成见，因为对于研究对象的成败，我是心知肚明的，我也很难将这些内容从我脑子里抹去。但即使有这些限制因素，借助历史坐标进行对照分析的方法，还是能让我们更清楚地审视决定卓越公司繁荣与衰落的动因。

这种回顾公司陷入衰落前历史资料的做法，让我们领悟到了这项研究中最重要的一点：一个公司即将衰落的时候，它从外部看起来似乎和健康无恙者一样，可是它却已经处在了一落千丈的危险边缘，就像1980年的美国银行一样。这也是衰落过程为什么这么可怕的原因：它会悄无声息地潜伏在你的身旁，然后倏然间将你吞噬。

这也向我们提出了一系列颇有意味的问题：衰落有没有几个清

晰可辨的阶段？倘若答案是肯定的，那么我们能否尽早发现它们？哪些是具有征兆性的标志？我们能扭转颓势吗？倘若可以的话，该怎么办？我们是不是不能走回头路呢？

研究成果：衰落五个阶段的框架

有一天我在家，餐桌上摆满了我要用的研究资料，我对着笔记本电脑发呆，想要弄明白公司的衰落过程，我对太太乔安妮说："要搞懂公司为什么会衰落比弄清楚它们怎样才能取得成功难多了。"不论我怎么建构或是模拟各种框架模型，以了解公司衰落的过程，我总会发现一些特例以及同模型不吻合的案例。

乔安妮建议我再读一读托尔斯泰的《安娜·卡列尼娜》，这部小说在开篇处写道："幸福的家庭都是相似的，不幸的家庭各有各的不幸。"写完本书之后，我又重温了小说中的这句经典名言。在研究了公司的繁荣与衰落之后，我的结论是：相对于公司走向卓越之路来说，公司更有可能走向衰落，建构一个有数据支撑的公司衰落模型要比建构有数据支撑的成功模型难得多。

即便如此，我们还是能够从对数据的条分缕析中勾勒出强者衰落的模型。当然，这并不是公司衰落的决定性因素，有时公司衰落可能并没有完全遵循我们总结出的模型（公司有可能因为欺诈、霉运当头、丑闻等多种原因陷入低谷），但它却是对我们这项研究的一种准确描述，只有一个特例（大西洋–太平洋茶叶公司在衰落第二阶段的表现和其他公司不同）。统计学教授乔治·E·P·伯克斯曾经提出："所有模型都是错误的，有些模型是有用的。"本书中提出的衰落模型对理解本书内容是有帮助的，至少在解读卓越公司是如何陷入衰落时是有帮助的。对于那些想要防止衰落、预见衰落周期或者扭转衰落态势的领导者而言，这种模型也有着重要意义。

衰落模型包括依次出现的五个阶段。我先概括一下它们的主要内容，在后面的章节中我再对每一阶段给出更详尽的分析。

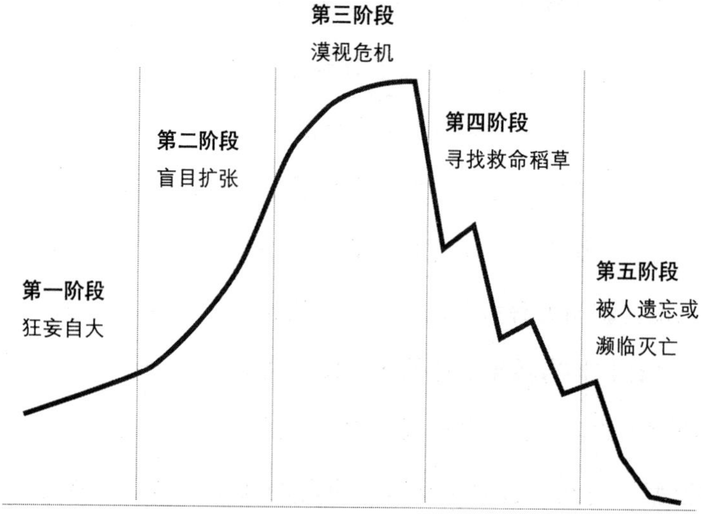

企业衰落的五个阶段

企业衰落第一阶段：狂妄自大

优秀的企业可能会变得故步自封。尽管企业的领导做出了糟糕的决策或是丧失了自律性，但企业原先积累起来的力量在短期内仍会推动它继续前进。当我们变得傲慢自负，认为成功是理所当然的，忽略了最初成功的真正动因时，衰落的第一阶段就悄然降临了。当成功者开始把自己的成功挂在嘴边（“我们之所以成功，是因为我们做了这些特别的事”），而不是深入发掘、洞悉成功的原因（“我们之所以能成功，是因为我们知道为什么做了特别的事，我们也知道在什么样的条件下，原来的做法并不管用”），那么衰落很有可能就会接踵而来。很多人获得成功是因为撞大运的缘故，如果这些人不能认识到运气在他们成功中所起的作用，过分夸大自己的优点和能力，最后他们也就难免不狂妄自大了。

企业衰落第二阶段：盲目扩张

第一阶段滋生了目空一切的傲慢情绪（“我们这么厉害，我们可以做任何事！”），会让你进入衰落模型的第二阶段。如果你有这种贪得无厌的心态，就会希望企业的规模越做越大，增速越来越快，听到的赞美越来越多，得到的所谓“成功光环”也越来越炫目。处于衰落第二阶段的企业已经丢弃了将它们带到第一阶段成功之前的持久创造力，在无法取得卓越成就的领域盲目扩张，抑或过分强调增速而不能确保取得领先优势，或者同时犯下两种错误。如果一个企业不能考虑自身实力而盲目扩张，造成关键岗位上缺乏能力超群的干将，那么它就等于自掘坟墓。对任何成功的企业而言，骄傲自满和因循守旧都是成功路上的拦路虎，盲目扩张更能准确地解释它们失败的原因。

企业衰落第三阶段：漠视危机

当公司进入衰落第三阶段之后，内部的预警信号开始频现，但是公司外部“固若金汤”的表现让公司领导者对不佳的业绩视而不见，或是认为困难只是“暂时的”、“周期性的”、“不至于那么糟糕”、“没有什么大不了的”。在衰落第三阶段，领导对负面的数据半信半疑，对于正面数据则夸大其词，把模棱两可的数据都解读成好消息。当公司遭遇挫折的时候，决策者会把责任归咎于外部因素，而不是去承担责任。高效能团队所特有的知无不言、言无不尽的风格也在逐渐消失，甚至完全消失了。如果企业的决策者过分冒险而又没有充分考虑冒险的后果时，那么他就会把公司推入虎口，公司马上就会陷入衰落的第四阶段。

企业衰落第四阶段：寻找救命稻草

在衰落第三阶段累积的威胁或风险转变成了现实中的不利局面，企业兵败如山倒的颓势尽人皆知。关键的问题在于，公司的领导者会作何反应？是去抓救命稻草，还是回归最初的创造辉煌之道。

处于衰落第四阶段的公司在寻找救命稻草的时候，会有一些常有的表现，包括起用踌躇满志的领导、采用激进却未经证实的策略、推行暴风雨式的变革、研发一鸣惊人的产品、尝试改变行业版图的收购或是寻找其他一蹴而就的良方。采取这些突击战略的效果最开始看起来还不错，但最后的效果就不一定理想了。

企业衰落第五阶段：被人遗忘或濒临灭亡

一个公司在衰落第四阶段停留的时间越长，越是急迫地想要寻找脱困办法，公司的处境就越有可能急转直下。在衰落第五阶段，因为屡屡受挫以及代价颇高的犯错，公司的财力大受影响，士气受挫，公司的领导者已经放弃了打造卓越未来的努力。有些时候，公司的领导者干脆把企业一卖了事；还有些时候，企业慢慢衰落直至被人遗忘；如果碰到一些极端的情况，企业马上就寿终正寝了。

尽管我们的研究表明，公司在陷入衰落的时候，通常会依次走过这五个阶段，但跳过其中的某一阶段还是有可能的。有些公司会很快走过衰落的五个阶段，而有些公司则要在衰落中挣扎多年甚至是几十年。真力时公司历经这五个阶段耗时30年，乐百美公司从第二阶段一路下滑至第五阶段仅用了5年时间。（本书即将付梓时，贝尔斯登公司和雷曼兄弟公司这些金融大鳄倒闭的速度之快让人感到有些不可思议。）有些公司在一个阶段停留的时间会比较长，在另一个阶段则只是停留片刻。例如，埃姆斯百货公司在第三阶段停留的时间不到两年，而在第四阶段则整整消耗了十多年才转入第五阶段。不同阶段之间也会相互交错，前几个阶段遗留的问题在之后的阶段也会继续影响公司经营。例如，狂妄自大很容易同盲目扩张同时出现，甚至和漠视危机同时出现（公司会宣称，“我们根本没有任何错，我们很棒！”）。后面的图表明了这些阶段出现重叠的情况。

当我把本书的初稿发给一些批判性读者审阅时，很多人都说在谈论衰落态势的时候让人感觉看不到光明，甚至在读起来的时候感觉有些压抑。除了阅读衰落五个阶段的表现，在看到一家又一家曾经卓越的公司走向衰落时，你也会有相同的感受。这同研究灾难一样，会勾起你的兴趣，但却不会让你感到振奋人心。所以，在你踏上这段灰色阅读之旅前，请允许我给你介绍两点背景情况。

首先，如果我们仅仅研究成功公司的案例，那么对于自己全面了解情况是不利的。通过研究一家卓越公司是如何沦为平庸（或者更糟糕的结局），并把它和基业长青的公司进行对比，我们会收获更多。不仅如此，基业长青的一个关键在于，理解公司是怎样丧失其卓越地位的。我们最好能够洞悉其他公司是怎样衰落的，而不是在一无所知的情况下重蹈他们的覆辙。

其次，我们在从事这项研究时，心里也带着美好的愿望。一方面，如果企业知晓衰落的风险地图，那么它们就能够尽早地预警，以扭转颓势。另一方面，我们发现一些公司即便深陷衰落第四阶段，

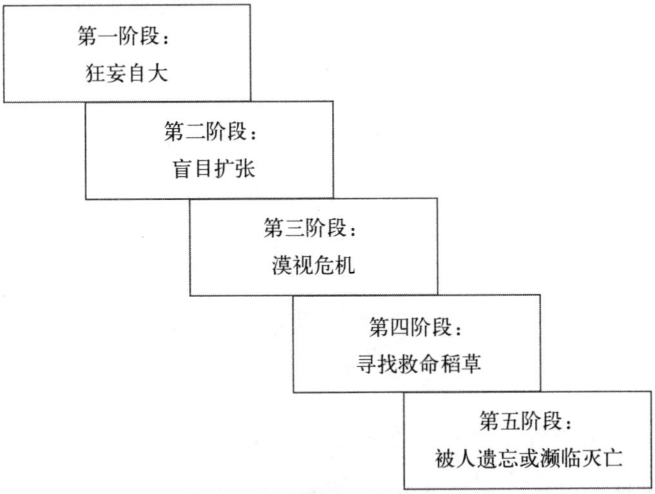

企业衰落的五个阶段

依然能够摆脱危机，有些公司复苏后的表现比之前更为强劲。像纽柯公司（Nucor）、诺思通公司、迪士尼公司和IBM公司在历史上都曾陷入过低谷，但最后都再铸了辉煌。

> 卓越的公司也会摔跟头，而且可能会摔得很惨，但也有可能东山再起。如果公司已经深陷衰落第五阶段了，那么也就无力回天了。但如果公司陷入形势严峻的第四阶段，还是有机会翻身的。大多数身陷泥沼的公司最后都倒下了，我们不能否认这一事实。然而，我们的研究表明，企业的衰落主要是咎由自取的，而企业复苏的密钥在很大程度上还是掌握在我们自己手中。

每个公司都经历了沉沉浮浮，很多公司在历史上都显露出了衰落第一阶段和第二阶段的迹象，甚至出现第三阶段和第四阶段的迹象。然而，公司出现衰落第一阶段的迹象并不代表公司一定会跌落至第五阶段。资料表明，至少在过去100年的历史中，企业并不一定会因出现衰落第一阶段的迹象而分崩离析。否则，我们怎能见到已经书写了100年甚至150年辉煌历史的宝洁公司、3M公司、强生公司等企业。公司也许犯过错，跌至衰落的阶段，但是初尝衰落的苦果并不意味着公司就回天乏术了。只要公司不是处于衰落第五阶段，你还是可以打造出一个基业长青的企业。

当你在看这本书的时候，你或许会疑惑，如果公司已经显示出衰落的疲态，我们该怎么办呢？事实表明，解决的良方主要靠坚守高度自律的管理法则，我们在本书最后也会再来探讨复苏这一话题。现在我们要开始我们的“黑色之旅”了，从而更好地了解企业帝国为何不能基业长青，以此为鉴，避免重蹈那些衰落企业的覆辙。

HOW THE MIGHTY FALL

01

企业衰落第一阶段　狂妄自大

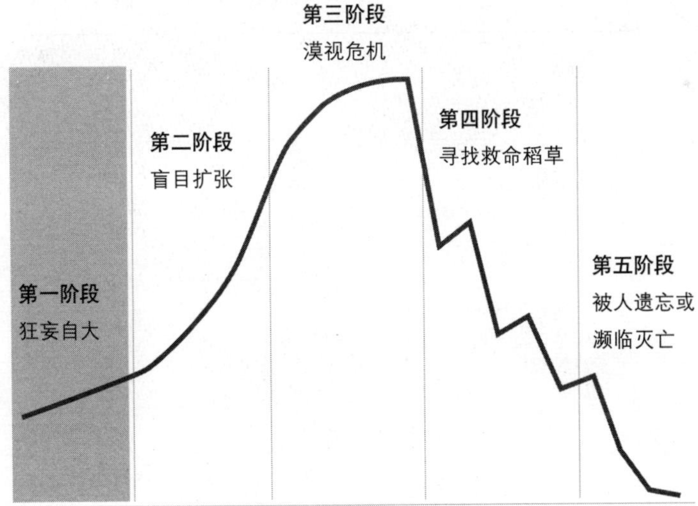

1983年12月，摩托罗拉公司最后一台车载广播下线，并作为纪念品被送到了公司前董事长罗伯特·高尔文的手里。它并不是一个煽情的纪念品，而是在提醒摩托罗拉的掌舵人要继续研发新技术和新产品，从而不断实现自我更新。摩托罗拉的历史一再告诉罗伯特·高尔文，主动创造未来才是上策，而不要坐等外界环境逼你仓促应战。当刚成立不久的高尔文制造公司生产的第一种产品（整流器）在1929年变得过时了，保罗·高尔文（罗伯特·高尔文的父亲）面临着严重的财务危机。为了应对这种局面，保罗·高尔文开始研发车载广播，并把企业更名为摩托罗拉，公司逐渐开始赢利。公司背水一战的这段经历也塑造起了摩托罗拉的企业文化，公司上下都坚信：过去的辉煌不能确保未来的成功，公司应该不断自我改善和自我提升。1989年，当杰里·波勒斯（Jerry Porras）和我一同研究165位首席执行官的资料时，他们都将摩托罗拉视为世界上最高瞻远瞩的公司之一，因此我们也把摩托罗拉当做《基业长青》一书的研究对象。在我们当时研究的18家高瞻远瞩的公司里面，在坚守核心价值、锐意研发新产品、业务持续管理、自我改善机制等方面，摩托罗拉的得分都是最高的。我们也留意到，摩托罗拉首创了六西格玛全面质量管理方法，并制定了“技术路线图”，以抓住未来10年内的发展机遇。

到了20世纪90年代中期，摩托罗拉经过多年的成功运营已经进一步壮大了，它的年营业收入从10年前的50亿美元猛增到了270亿美元，这也使得摩托罗拉人的心态从谦逊转为傲慢。1995年，摩托罗拉的高层对于即将推出的StarTAC款手机颇为得意，因为这是当时世界上最小巧的手机，也在业界率先推出了翻盖手机设计。StarTAC款手机只有一个问题：这是一款基于模拟技术的手机，而当时的无线电话运营商正在将注意力转向数字技术。对于业界的这一新趋势，摩托罗拉作何反应？《商业周刊》的罗杰·克罗克特指出，从摩托罗拉一位高管的表态可以看出，他们对于数字化威胁毫不在意：“有4 300万模拟信号用户，这个市场错不了。”摩托罗拉的这种傲慢态度惹怒了贝尔大西洋等主流运营商。摩托罗拉告诉这些运营商，如果要想销售热门的StarTAC款手机，那么就要遵守摩托罗拉定下的游戏规则：摩托罗拉手机的数量要占运营商销售手机总数的大部分（75%左右），运营商还必须用独立的宣传攻势来重点推广摩托罗拉手机。贝尔大西洋公司被这种“你必须得……”的态度激怒了，反击说任何手机生产商都别想颐指气使地让运营商去卖多少产品。据报道，贝尔大西洋公司的一位高管反驳摩托罗拉的高管说："按你们的意思，如果我们不同意你们的条款，你们就不打算在曼哈顿卖StarTAC款手机了？"摩托罗拉不可一世的态度给了竞争对手可乘之机。作为昔日世界手机市场上的头号霸主，摩托罗拉曾经垄断了将近50%的市场份额，可是后来却黯然走下了神坛。到了1999年，摩托罗拉手机的市场份额下降到了只有可怜的17%。可以说，摩托罗拉的没落就是从衰落第一阶段——狂妄自大开始的。

因傲慢导致决策失误

在古希腊，人们谈及狂妄自大的时候，指的是一个英雄因为过于骄傲而折戟。这等于是说：如果你想销售StarTAC手机，就必须预先买下多少台——摩托罗拉当时的市场地位和自负姿态由此可见一斑。借用美国历史学教授J·卢夫斯·菲尔斯的说法，过度傲慢会让无知者付出代价。摩托罗拉在2001年时，员工总数还有14.7万人，到了2003年年底就已经裁到只剩8.8万人了，也就是说砍掉了将近6万个工作岗位。在摩托罗拉衰落的几个阶段中，股东利益也受到冲击，1995~2005年间摩托罗拉股票投资回报率下降幅度超过50%。

> 在我们探讨衰落的不同阶段时，我们会见到各种各样狂妄自大的表现。我们会看到公司因为狂妄自大，不计后果地贸然进入不能做到最好的领域；以牺牲卓越绩效为代价追求增长；而且在面临前后不一致或者对己不利的决策信息时，依然作出激进、草率的决定；会否认企业因为外部威胁或内部瓦解而陷入危局的可能性。下面我们也将读到狂妄自大最为有害的一种表现形式——因傲慢导致决策失误。

1995年10月，《福布斯》杂志刊登了一篇文章，盛赞了美国著名电器零售商电路城公司的首席执行官。文章称，在这位首席执行官的领导下，电路城实现了年均20%的增长幅度，公司规模在10年内增长了将近10倍。怎样才能保证企业的持续增长呢？该篇文章指出，最终每个市场都达到饱和的程度后，这位精力充沛的首席执行官并没有“坐以待毙，等着自己的优势业务被竞争对手吞噬掉”。电路城开始谋划下一步重大战略。此前，电路城高瞻远瞩地推出了Carmax二手车零售业务，从而把自己在零售领域的优势和二手车业务有机地结合起来。电路城也开始对一项名为数字视频快递（Divx）的技术表现出了浓厚的兴趣。借用这种技术，使用一种具有特殊功能的DVD播放机，顾客能够“租借”一张DVD光碟，只要他们还没有观看这张光碟，那么“租借”多久都行。利用一种加密系统，开启DVD机上的解码装置，顾客就可以观看光碟。这一商业创意的优势在于：如果你抽不出时间看DVD，你也不必像以前一样急着把光碟归还给音像店。

1998年年底，《华尔街手稿》（*Wall Street Transcript*）采访了电路城的首席执行官。当记者问这位首席执行官投资者担忧什么时，出现了让人记忆深刻的一幕。“（投资者）对我们运营公司的能力应该充满信心，”这位首席执行官回答说，然后他又觉得必须补充点儿什么，接着说，“我想有些投资者认为……我们的Carmax二手车零售业务和数字视频快递业务抢了电路城主营业务的风头。我希望大家注意到……今年上半年，我们的营业收入增长了44%。”他最后总结说：“这是一家运营极好的公司。”

然而，电路城经历了企业衰落的所有阶段，公司的赢利率在下降，股本回报率从20世纪90年代中期的将近20%萎缩至不到10%，这引发了公司至少25年来的第一次亏损局面。2008年11月10日，电路城宣布申请破产。

电路城本来实现了从优秀到卓越的成功跨越，在商业巨子阿伦·沃泽尔（Alan Wurtzel）的领导之下，在20世纪70年代早期跨越的步伐开始加速。和大多数走向卓越的公司一样，实现这一目标需要持续不懈的、日积月累的努力，就像转动一个巨大、沉重的飞轮一样，经过数日、数月、数年的努力，积累的动能越来越多，才能使飞轮实现1圈到10圈、从10圈到100圈、从100圈到1 000圈、从1 000圈到100万圈的加速。如果一个企业能够使一个大飞轮转起来，那么它就很有可能使第二个或第三个大飞轮也转起来。但是，如果你想要在任何业务领域内都取得成功，你必须要像最初一样尽力地去推动飞轮，这也正是电路城没有坚持下来的。电路城的案例向我们证明了因傲慢导致决策失误、最后导致衰落的过程。

1. 公司成功地打造出了一个大飞轮（主营业务）。
2. 因为你面临迫在眉睫的威胁，或是觉得其他业务机会更有意思（抑或当前的业务机会让你感到无趣），你可能会倾向于认为新的机会能比原来的大飞轮更能支撑公司的成功运营。
3. 你把创造力都投入到新业务上，似乎新业务成了你的救命稻草，而原有业务却没有得到改善。
4. 新的业务很快折戟，同时耗费了公司最好的创造力，或者新业务要取得成功需要耗费的时间超过预期的时间。
5. 受挫后你又将创造力投在原有的业务上，可是你发现这个业务已经出现疲态，转不快了。

如果你拥有一项能够满足客户根本需求并能做到全球最强的业务，那么这项业务很少会过时。在对公司进行衰落分析时，我们只发现一个特例——真力时公司，真力时之所以会失败，在很大程度上是因为很久以来它只关注自己的核心业务，而对行将出现的困局没有作好应对的准备。此外，我们的研究发现，在持续改善自己的核心业务方面，60%的成功公司比竞争对手要做得更好。

我并不是说公司不要去开拓新业务，也不是批评电路城不应开展Carmax二手车零售业务和数字视频快递业务。电路城开辟了Carmax二手车零售业务是非常富有想象力的一个商业创意，它引入了全新的一种商业模式，把在消费电子品销售行业成功的经验运用到了二手车的销售之中（把专业化的连锁店销售模式引入了原先并不专业、各自为战的二手车销售领域）。实际上，电路城可以把Carmax二手车零售业务经营得很好，而不用将它卖掉。说到数字视频快递业务，由于这项业务在市场上开展得并不好，我们可以把它视为一个最后效果不够理想的小的商业尝试，这也是对《基业长青》中“保存核心、刺激进步”原则的积极尝试。电路城真正学到的一个教训就是，在大众看来，电路城在电器超市运营上所投入的激情和专注不如20年前创业的时候了。让电路城感到阴差阳错的是，其实它持续成功运营的基石就是自己的核心业务，它的劲敌百思买就是最好的佐证。

1981年，一场龙卷风突袭了美国明尼苏达州的罗斯维尔市，当地的音乐之声CD店的橱窗被刮碎了。店里的顾客都蜷缩成一团，以躲避狂风中夹杂的玻璃和木片。幸运的是，这场龙卷风给这家店铺造成的损失不算太大，很多箱音乐光盘和电视机都完好无损，但是店铺的橱窗已经毁损了。店铺老板理查德 · 舒尔茨是一位足智多谋的企业家，他打算在停车场进行一次“龙卷风大甩卖”。他把自己所有的营销费用都用在这次活动的广告造势上了，这次活动的宣传效果很好，最后因为光临停车场的顾客太多，还造成了小城两英里外的交通堵塞。舒尔茨意识到他偶然发现了一个很棒的商业理念：大张旗鼓地进行广告造势，不把大牌产品放在精致货架上出售(这比在停车场卖东西已经进步了一步)，而是低价卖给消费者。理查德 · 舒尔茨有了这一发现之后，把所有的资金都投入到了创立一家电器超市上，并把它命名为百思买。

1982~1988年，百思买在美国中西部一共开设了40家电器超市(百思买把它们称为第一阶段概念店)。1989年，百思买在充分听取了顾客对更好服务需求的反馈后，推出了第二阶段概念店，“为顾客提供最好的服务”取代了之前“以销售为目的”的文化理念。1995年，百思买推出了第三阶段超级概念店，提供了各种方式帮助消费者更好地了解产品，包括以触摸方式进行信息检索的查询亭，也有帮助顾客了解音响系统的车载模拟环境，还有CD音乐试听台，以及让顾客试玩游戏的“游戏欢乐区”。到了1999年，百思买又推出了第四阶段概念店，帮助顾客在众多电子产品货架区中找到自己想要的产品。第四阶段概念店一直运营到2002年。到了2003年，百思买又推出了电脑特工（Geek Squad)，帮助顾客解决遇到的电脑难题。

直到20世纪90年代末，我们也没找到多少证据能证明电路城的高管重视百思买所带来的威胁。如果电路城能够像百思买那样将足够多的创造力投入到电器超市的升级中，从而在顾客心目中打造出像百思买一样体贴顾客的品牌，并且能在1997~2006年间（两家公司的营业收入在1997年相同）实现百思买一半的增速，那么电路城在这10年间的累计营业收入增幅将达到实际表现的2倍。事实并不尽然，无论是在同期的营业收入还是在每个员工创造的利润上，百思买的表现都是电路城的3.5倍。如果考虑1995~2006年投资收益的话，投入百思买的每1美元所得到的投资收益是投入电路城的整整4倍之多。

如果忽视原有主营业务所蕴藏的潜力，或者更糟糕的是，因为感到厌烦，从而忽视了原有业务，把注意力投向另一个大商机，以为成功将会自动降临，这其实就是一种傲慢的态度。即便你可能会面临核心业务行将终结的局面，你也不能让企业这架飞机处于自动驾驶的状态。你可以坚定地退出或者坚决地改革，但是绝不要忽视原有的主营业务。

如果你感到犹豫不决，不知道是该延续原来的制胜之道，还是为了跟上未来发展趋势而选择革新，那么你不妨扪心自问两个问题：

1. 在接下来5~10年间，你原先的主营业务会因为不可控的外部力量而行将灭顶吗？如果经济发展强劲，主营业务不可能继续在全球业界中领跑吗？
2. 你是不是已经失去了对主营业务的热情？

如果你对上述两个问题的答案都是否定的，那么就拿出当初创业的那份执著，将想象力和热情都投入到主营业务中去（当然，你也应该继续尝试新点子，这既是取得进步的一种途径，也是防止未来不确定性的一把保险锁）。

大家不要误认为这就是停滞不前、毫无生气的机械重复。恰巧相反，这意味着公司要永不止息地进行创新，就像百思买一样，推陈出新地引入第一阶段概念店、第二阶段概念店、第三阶段概念店……这就像一个艺术家一样，毕加索的创新并不在于放弃了绘画和雕塑，而是转而想成为一个小说家或银行家，他一辈子都在绘画，在延续主业的同时，他的画风也跨越了蓝色时期、立体派和超现实派等几个截然不同的阶段。贝多芬为了创新并没有放弃音乐，他转投诗歌界、绘画界。一直以来，他都是一个作曲家，但是他并没有重复地把第三交响曲写上9次。

“自我夸耀”代替了“自我反思”

就像一个艺术家一样，既要持续创造卓越的作品，又要推出不断吸引人眼球的推陈出新之作，卓越的公司也要在延续和变革这一对动态矛盾中创造业绩。一方面，公司需要坚守企业制胜之道；在另一方面，公司也需要不断改进，通过有创意的改善和明智的调整来改善公司的生存之道。对这一点，百思买要比电路城理解得更透彻，一方面，它旗下的电器超市不断地升级更新，另一方面，它也没有放弃原来的成功基石（顾客喜欢在便捷、价格低廉、服务态度好的环境中买到各种名牌电器）。如果组织无法分辨当下的做法和基业长青之道的区别，带着错误的观念固守当下的做法，那么也就埋下了衰落的种子。

1957年，当乔治·哈特福德（George Hartford）躺在病床上时，他把一辈子忠心耿耿辅助他的拉尔夫·伯格（Ralph Burger）叫到病榻前，说出了自己的遗愿：“好好照顾公司。”约翰·哈特福德和乔治·哈特福德兄弟在从父亲手中接过大西洋-太平洋茶叶公司的权杖之后，将毕生精力都投入到了这家公司上。拉尔夫·伯格当时已年近古稀了，几十年来一直都鞍前马后尽心辅助哈特福德兄弟，他也信誓旦旦地表示，将殚精竭虑地守护哈特福德家族的遗产。他不仅披上了哈特福德兄弟守护者的外衣，这不仅仅是比喻，据威廉·沃尔什（William Walsh）在《大西洋-太平洋茶叶公司的兴衰史》(*The Rise and Decline of The Great Atlantic Pacific Tea Company*)一书中的记述，拉尔夫 · 伯格还真穿上了约翰 · 哈特福德留下的西服，拉尔夫 · 伯格说：“约翰肯定不愿自己的名牌灰西服被浪费或者糟蹋。”不过，受大西洋–太平洋茶叶公司稳坐全球最大零售商宝座的影响，拉尔夫 · 伯格误以为“好好照顾公司”就是看门守院。到了1973年，约翰 · 哈特福德的办公室和20年前仍然一模一样，甚至衣橱里挂钩上依旧挂着与过去一样的衣服。

在拉尔夫 · 伯格时代，大西洋–太平洋茶叶公司姿态傲慢，认为“我们要沿袭传统，还会一如既往地成功，因为我们是大西洋–太平洋茶叶公司”，因此，它在面对克罗格公司等竞争对手推出的新商业模式时就暴露出了弱点。拉尔夫 · 伯格忘记问自己一个关键问题：“大西洋–太平洋茶叶公司最初为什么会成功？”这并不是指过去哪些具体的做法或战略，而是指取得成功的根本原因。大萧条时代的客户依然还是大西洋–太平洋茶叶公司的忠实拥趸，但是公司与新生代客户则完全脱节了。正如一位行业分析人士所嘲讽的那样：“大西洋–太平洋茶叶公司就像一个葬礼承办者，每当有一辆灵车开过，大西洋–太平洋茶叶公司都会说‘我们的顾客又少了一位’。”

此处想要表达的观点并非"他们失败是因为没有变革"那么简单。我们会在衰落其他阶段中看到，如果公司一味地强调经常改变，那么也会和不思变革的公司一样衰落。公司坚守一些特定的做法和战略并没有什么错（实际上，卓越公司往往会表现出极富持续性的优势），但只有你懂得为什么要这样做，你才会懂得什么时候要坚守，什么时候该应时而变。

读到这里，你可能会疑惑："我们怎么能保证准确洞悉成功的潜在原因呢？"我们所研究过的最佳领导者从不会认为他们掌握了成功的所有要素。一方面，他们总是会有一种不安感，担心他们的成功在很大程度上得益于好运气或是机缘巧合。大家不妨就下面两种方法的缺陷比较一番：

方法一：对于自己的成功做到功成而不居（我们之所以成功，只是因为运气好，或是占了天时地利，抑或靠吃老本，或是因为没有强劲的对手而已），因此，时刻带着危机感去思考倘若好运不复存在，该如何让自己变得更强大、脚跟站得更稳。如果你多考虑一下公司的缺陷，万一这种思维方式不对的话，你会有什么样的损失呢？想必没什么不好的，如果你错了，这种自觉的反思会让你变得更加强大。

方法二：假设你把成功都归因于自己过人的能力（"我们这么棒、这么聪明、这么有创意、这么出色，我们当然应该获得成功"），如果你错了，你会遭受什么损失呢？这种损失可能是很惨重的。如果你错了，某天早上醒过来，你会发现自己惊慌失措，自己的弱点都暴露出来了，那时已经为时已晚了。

我们在研究中发现，最优秀的公司领导都像虚怀若谷的科学家一般，把自己视为本行业的学生，会不停地问“为什么”、“为什么”、“为什么”的问题，见到任何人都有把他们头脑掏空的本能。知识渊博的人同孜孜好学的人有着本质的区别。知识渊博的人倾向于认为“到底是怎么一回事儿，我已经一清二楚了，让我告诉你吧”，这种人容易把公司带向衰落的边缘，原因有二：其一，他们倾向于固守已有的做法，他们会说，“我们之所以成功就是因为这些做法，我们没有理由去质疑它们的正确性”，大西洋-太平洋茶叶公司就是这样的典型例子；其二，他们会把战线拉得过长，他们会进入新的领域，从而导致原来的制胜法宝都失效了，他们会说，“我们已经这么成功了，我们可以去冒更大的风险，去力争更强劲的增长，去实现新跨越”。大家在接下来的一组公司对照分析中也能看到有这种心态的公司，其中一家公司成为了美国业界的翘楚，而它的竞争对手则消亡了。

20世纪50年代后期，一家名不见经传的小企业萌生了一个宏伟的目标，“将打折零售业带到乡村和小镇”。它成了最早以这一理念作为发展目标的企业之一，它在发展早期大幅领先自己的竞争对手，因为它出售的每样产品都很便宜，而非仅仅是吸引顾客眼球的那些产品。这家企业富有远见的领导打造出了一种与员工荣辱与共的企业精神，引入了高端的信息处理系统，创建了以绩效为导向的企业文化，各家分店的经理每周一早上5点就聚在一起回顾上一周的业绩表现。这家企业不仅横扫了小镇上的一些传统店铺，而且还掌握了如何在较量中击败劲敌凯马特的秘诀。如果你在20世纪70年代初期花1美元买了这家企业的一股股票，那么到了1985年，你手里每股股票的市值已经超过了60美元。

那么，这到底是哪家企业呢？

如果你猜是沃尔玛的话，有些相像，但没有猜对。

这家企业就是埃姆斯百货公司。

埃姆斯百货公司成立于1958年，它最初的创业理念后来也成就了沃尔玛，4年后山姆·沃尔顿才开设了第一家沃尔玛店。在接下来的20年间，两家公司的发展势头都锐不可当，沃尔玛主要在美国中南部扩张版图，埃姆斯百货公司则主要在美国东北部扩大地盘。1973~1986年，埃姆斯百货公司和沃尔玛的股价表现几乎不分伯仲，两家公司的股票收益率都超过大盘平均赢利水平的9倍。

那么，到了本书写作时的2008年，埃姆斯百货公司的表现又如何呢？

埃姆斯百货公司已经分崩离析了，大家再也听不到关于它的消息了。与此形成鲜明对照的是，沃尔玛依然生机勃勃，位列《财富》500强榜首，年销售收入高达3 790亿美元。

到底发生了什么？到底是什么让这两家公司如此泾渭分明？

其中的一个重要原因就在于沃尔玛创始人山姆 · 沃尔顿虚怀若谷、好学不倦的精神。20世纪80年代，一些巴西投资者买下了南美洲的一家打折连锁零售店。买下了这家打折连锁零售店后，投资商觉得应该多学些关于打折零售方面的知识，因此就致信给美国的10位打折零售连锁店的首席执行官，想和他们见面取取经。这些首席执行官要么拒绝见面，要么装做没收到邮件，只有一个人例外，此人就是山姆 · 沃尔顿。

当这些巴西投资人在阿肯色州的小镇本顿维尔走下飞机时，一位慈祥的白发老人走向他们，问道："要帮忙吗？"

"嗯，我们想要找山姆 · 沃尔顿。"

"我就是。"这位老人说道，把这几位巴西客人带到了自己的卡车旁，于是几位巴西客人就和山姆 · 沃尔顿的爱犬奥 · 罗伊挤在一起进了城。

在接下来的几天里，沃尔顿经常连珠炮似的向这几位巴西人抛出问题，询问他们在巴西和拉丁美洲开展零售业等情况，沃尔顿有时候提问就选在了厨房的洗水池边，等着干碗机把碗碟烘干时发问。最后，这些巴西商人才意识到，原来世界上第一家年销售额将超千亿美元的企业创始人是在向他们取经，这和他们此行的目的刚好相反。

沃尔玛的成功让沃尔顿惴惴不安。他担心自己去世后，明确的目标和谦逊精神能否在这家年营业收入数千亿美元的企业中延续下去。沃尔顿的解决方法之一就是给这家企业找了一位和他一样谦虚好学、行事低调的首席执行官戴维 · 格拉斯（David Glass）。在零售行业之外，大多数人都没听说过戴维 · 格拉斯这个名字，这也正是戴维 · 格拉斯想要树立的形象。戴维 · 格拉斯从沃尔顿那里学到了很重要的一点，沃尔玛的存在并不是让它的高管满足自我膨胀的欲望，而是为它的顾客而存在的。戴维 · 格拉斯对沃尔玛的企业使命笃信不疑（沃尔玛的存在是让那些收入中等的民众能够享用到原来只属于富人的商品），他也在用实际行动去践行这一使命。同沃尔顿一样，戴维 · 格拉斯也在竭尽全力地帮助沃尔玛找到实现使命的更优途径。戴维 · 格拉斯一直在招募优秀员工，构建企业文化，并进入其他新领域（从日用百货拓展到电器），在这一过程中，他一直坚守沃尔玛最初的创业理念。

沃尔玛选出了土生土长、深谙企业文化的接班人，接班人了解沃尔玛成功的驱动因素，并将它们深植于沃尔玛的每个角落。埃姆斯百货公司的做法则截然不同。该公司首席执行官赫伯 · 吉尔曼（Herb Gilman）选了一位和该公司企业文化截然不同的继任者，这位喜欢大刀阔斧改革的继任者虽然富有远见，但却让公司面目全非了。沃尔玛对自己的核心价值观、目标和企业文化依然保持着近乎顶礼膜拜般的推崇，埃姆斯百货公司则与之有着天壤之别，因为盲目追求快速扩张，埃姆斯百货公司一头陷入了衰落第二阶段——盲目扩张。这也是我们下一章要阐述的内容。

衰落第一阶段主要症状

在衰落的前四个阶段，我会给每个阶段都总结出几个主要症状。并不是每个我们研究过的陷入衰落的公司都会出现这些症状。因此，出现这些症状并不代表你的公司衰落了，但是这些症状的出现表明你的公司更有可能陷入衰落的某个阶段。你可以把这些症状当做自我诊疗的体检表。下面列出的一些症状，其文字说明很少，理由很简单，因为很多症状是不言而喻的。

· **自以为是、狂傲不羁：**把成功视为“理所当然的”，而不是昙花一现的，或是需要克服艰险才能取得的；人们会以为，不论企业决定做什么或不做什么，成功都会像天上的馅饼一样，不断掉下来。

· **忽略主营业务：**因为忙于应对外在的威胁、挑战和机遇，决策者忽略了企业的主营业务，没有能够像当初创业一样投入持续的创造力，去赋予企业新的生命力。

· **“自我夸耀”代替了“自我反思”：**满足于夸耀自己的成就（“我们之所以成功是因为做了一些特别的事”），而不是自我反思（“我们之所以成功，是因为我们知道为什么要做这样特别的事，也深知在什么情况下这些做法不能奏效”）。

· **学习欲望减退**：决策者丧失了好奇心和学习的欲望，这两种品质乃是真正成功人士的突出品质，无论他们现在多么成功，他们的学习曲线仍像最初创业时那样。

· **低估运气的作用**：不承认好运、天时地利的帮助，而是认为成功主要基于企业超越同行的卓越品质和决策者的领导。

HOW THE MIGHTY FALL

02

企业衰落第二阶段　盲目扩张

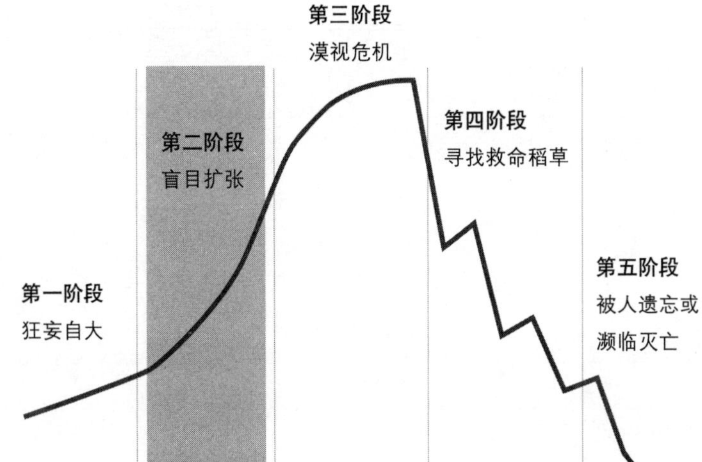

1988年，埃姆斯百货公司收购了洁尔百货公司（Zayre），它以为，公司在一年之内规模能够扩大一倍。如果要进行一项收购，你不可能只是完成收购交易的1/5、1/2或是7/10。收购决策是一把双刃剑。你可以进行收购，或者干脆不收购，你并没有中间道路可以选择。如果收购被证明是一个错误的话，那么你是无法后退的。如果公司在进行大规模收购的时候，仅仅关注的是浩大的声势，而非倚重敏锐的洞察力，那么新的收购活动有可能会搞垮自己的公司，因为有些被收购的公司和你的公司的核心价值观不符，或是会冲击你的公司文化，也许与你的公司成为业界翘楚的成功之道相左，或是和基本的经济学常理相悖。

埃姆斯百货公司收购了洁尔百货公司之后，也就破坏了自己苦心经营30载的良好发展势头。沃尔玛继续把自己的业务重点放在了乡村地区和小城镇上，并不急于进入大城市，而洁尔百货公司则让埃姆斯百货公司发生了翻天覆地的变化，使它在一夜之间成为大都市里一个重要的零售品牌。沃尔玛依旧坚持每天所有品牌的低价路线，而收购了洁尔百货公司后，埃姆斯百货公司的经营策略发生了改变，倚重于亏损先导的推销战略。1986~1989年，埃姆斯百货公司的营业收入翻了一番多，但是这种增长同公司成功创业的立足之道并不契合。1986~1992年，公司的股价暴跌了98%，因为公司已经陷入了破产的危局。埃姆斯百货公司后来暂时在破产的边缘躲过一劫，但是公司再也没能恢复元气，2002年不得不破产清算。与此同时，沃尔玛依然稳扎稳打地建立一家又一家分店，攻克了一个区域又一个区域，最后强势直捣埃姆斯百货公司的大本营——美国东北部。沃尔玛最后打垮了埃姆斯百货公司，而它使用的战略正是埃姆斯百货公司当年创业之初的经营模式。

战线过长

在研究之前我们预测，大多数公司之所以从卓越走向衰落，是因为它们被成功冲昏了头脑，因而没能鼓励创新、没能推进大刀阔斧的改革、没能激发变革，而是变得日益懒惰，消极地看着世上的潮起潮落。这是我们假设的理论，这个理论有一个问题，那就是它和我们的数据不符。诚然，任何自鸣得意、拒绝变革或创新的企业最终都会失败，但让人感到惊讶的是，我们在研究中发现，那些轰然倒下的公司并没有表现出明显的自鸣得意。战线过长倒是更能解释为什么这些原来看似不可战胜的企业最终会自掘坟墓。

在我们的研究中，只有一家企业在这一阶段表现出了明显的自鸣得意，这家企业就是大西洋–太平洋茶叶公司，它走过狂妄自大→自鸣得意→在现实中受挫→抓救命稻草的失败历程。而我们研究的其他公司，虽然处于衰落的第二阶段，但因为有企图心、创造力、进取心或危机感，我们发现它们还是有积极进取的上升动能。我们甚至发现了有些公司在这一阶段显露出很强的创新精神，这也排除了我们认为是创造力枯竭使得公司衰落的假设。在我们研究的11个公司案例中，只有3家公司在衰落的早期阶段未能进行创新（大西洋–太平洋茶叶公司、斯考特纸业公司和真力时）。在1991~1995年期间，摩托罗拉的专利数从613项猛增到了1 016项，公司对于自己由专利带来的生产力增长也很是自豪（“这方面我们是美国第三强”）。默克公司在1996~2002年期间一共申请了1 933项新配方的专利（拔得行业头筹，比第二名整整多出400项），但是默克公司此时已经处于衰落的边缘了。1999年，惠普启动了“创造”运动，在短短两年之内专利数量翻了一番，但惠普此时正一头撞进衰落的第四阶段。

我们再来看看乐百美公司覆灭的厄运。20世纪90年代早期，乐百美公司的两位高管参观了大英博物馆的古董展示区。《财富》杂志的一篇特写文章记录了一位高管说的话："古埃及人用的厨房用具可真够丰富的，有些用具非常精美。"这位高管离开大英博物馆的时候，脑子里出现了11个新产品的设计灵感。另一位高管说："古埃及人在储存食物方面想出了很多好法子，他们设计出了精巧的起子，这样可以轻松地弄开木桶上的盖子。"

仅仅是看了一次大英博物馆，就想到了关于新产品的11个灵感，你似乎会感觉这个公司的新点子实在太多了，但是如果你了解乐百美公司这方面的实际情况，你就会知道这只不过是小巫见大巫。乐百美公司提出的目标是一年365天里每天都要推出一款新产品，每隔一年到一年半的时间要进入一个全新的产品领域。1994年，乐百美公司的首席执行官在一份声明中宣称"我们的目标就是扩张"。在这份声明中，公司规划了"跨越式增长"的蓝图。这种跨越式增长来自从事各式各样的新业务，来自开拓新市场，来自新的收购业务，来自将产品销往新的国家，来自采用新技术，来自设立新的合资企业，更重要的是来自每年数以百计的产品创新。《财富》杂志在一篇关于乐百美公司的文章中把乐百美称为"创新方面的最佳案例"，乐百美逐渐成长为美国"最受尊敬公司"，比3M公司、苹果公司、英特尔公司都更具创新性。

3年之内推出的近1 000项新产品项目让乐百美自己都应接不暇了，一方面公司的原料成本在一年半之内几乎翻了一番，另一方面公司永不止息的增长目标也让自己压力倍增。乐百美开始忙中出错，在成本控制和按时交付订单这些最基础的管理环节纰漏频出。1994~1998年期间，乐百美就像坐过山车一样，迅速地冲过了衰落的几个阶段，对于任何已经习惯于享受成功快感的人士而言，这都会让他们惊出一身冷汗。1995年第四季度，乐百美出现了10年以来的第一次季度亏损。它被迫关闭9家工厂，削减了近6 000种产品，裁员1 170人。即便如此，乐百美公司也没有停止快速衰落，它在两年多的时间内进行了第二轮大规模的重组。1998年10月21日，乐百美公司被纽威尔公司兼并，也因此丧失了卷土重来的机会。乐百美后来意识到，创新能够推动企业前进，但是过度创新会破坏企业一直以来积累的战略能力，这同样会将企业拖入衰落的深渊，可是乐百美意识到这一点已经太晚了。

这也让我们不得不反思一个问题：尽管现实并非如此，我们为什么会想当然地认为自鸣得意、缺乏创新是导致企业衰落的主要原因呢？我想给出两个答案：第一，建立卓越公司的人干劲十足、充满激情、格外专注，骨子里满是创业之初崇尚进取的基因；如果我们研究从未有过卓越表现的公司以及从业绩平平退化到表现糟糕的公司，就会发现各公司不同的成长路径。第二，人们想要把别人的失败归结于自身所没有的性格缺陷，这样就不用担心自己也是不堪一击的，这些人会说“他们之所以会失败，是因为他们变得懒惰和自满了，我工作这么拼命，而且锐意变革和创新，领导员工前进时也饱含激情，我没有他们身上的性格缺陷，我是坚不可摧的。公司倒闭这种事绝不会降临在我身上！”然而，我们不要忘记，灾难性的失败也会由干劲十足、工作勤奋、富有创意的人造成。想必大多数人都会同意，2008年华尔街金融风暴的一个直接原因就是投机心过盛，金融大鳄们过于铤而走险，从而冒太大的风险，造成过高的杠杆率。我们也看到了让人眼花缭乱的金融创新，看到了过度的急功近利，看到了让人揪心的爆炸式增长。

执迷于增长，偏离核心使命

1995年，默克公司董事长兼首席执行官雷·吉马丁（Ray Gilmartin）在致股东的年度公开信中宣称：默克公司的首要目标是成为增长速度最迅猛的公司。默克公司最关注的目标并不是赢利能力，也不是划时代的新药品、顶尖的科技水准、产品的研发开发，也不是公司的生产效率（尽管雷·吉马丁也把这些列为默克公司战略中的关键要素），公司最首要的商业目标就是扩张。默克公司对于扩张的热情一直延续了7年，2000年年度报告里，董事长公开信的第一句就简明扼要地指出：“作为一家公司，默克倾尽全力于公司的增长。”

鉴于默克公司当时面临的实际情况，它公开宣称要关注突飞猛进式的增长，这让人感到奇怪。默克公司年销售收入将近50亿美元的5种药品到21世纪初就要失去美国的专利保护了。仿制药成为制药行业中越来越重要的一股力量，这会削弱默克公司的定价能力，使其销售利润下降数十亿美元之巨。不仅如此，和自己的前任罗伊·瓦格洛斯（Roy Vagelos）相比，雷·吉马丁面临的压力也更大，因为要想实现一个更大营业额基数之上的高速增长难度更大。20世纪80年代后期，在罗伊·瓦格洛斯的掌舵下，默克公司在营业收入50亿美元的基础上实现了增长；20世纪90年代晚期，雷·吉马丁面对的是，公司要通过研发足够多的新药品以实现在营业收入250亿美元的基础上同样的增长或高速增长。对于默克公司这样一个主要依靠科技研发的企业而言，实现持续的高速增长，难度越来越大。哈佛商学院的案例研究表明，新的影响因子带来赢利回报的可能性为1/15 000。

"雷·吉马丁或许内心也在担忧，但是他并没有表现出来。"1998年的《商业周刊》这样评价道。默克公司对自己的业务前景为何会这么有信心呢？在公司1998年年报中董事长致辞的第二段，你可以发现答案——新型止痛药万络（Vioxx）。1999年，默克公司获得美国食品与药品管理局（FDA）的批文，开始推出止痛药万络，公司把万络描述为业界开天辟地的重大发明，当年公司年报封面上就用大号文字醒目地印着"万络：我们用最大阵势、最快速度推广上市的王牌新药品"。

2000年3月，一项针对8 000多名风湿性关节炎患者的初步调查结果显示，万络止痛药具有显著的优势，同另一种常用的止痛药萘普生（Naproxen）相比，万络对胃肠道的伤害要小。这项研究虽然没有下定论，但是却让人们对万络的安全性心存疑问，因为研究表明，服用萘普生的病患“患心血管系统和心肌梗死的风险要小些”（用通俗的话说，就是患心脏病和中风的概率更低）。因为这项研究并没有进行安慰剂效应测试，我们对研究结果可以进行几种不同的解读：萘普生可能会降低人们患心血管系统疾病的风险，万络可能会增加人们患心血管系统疾病的风险，或者两种可能性兼而有之。和阿司匹林一样，萘普生具有科学家们所谓的“防心血管疾病”的效果。默克公司则指出，人们患心血管疾病的概率不同“主要是因为服用了萘普生后产生的效果不同”。

到2002年年底，万络的销售额已达到25亿美元。到2004年年底，美国的医生共给一亿人次的病患开出了服用万络的处方，其中就包括雷 · 吉马丁的太太。与此同时，外界对于万络的批评和质疑也日渐增多。默克公司用暂时性的研究成果进行反驳，其中就包括28 000名服用万络却没有心血管疾病患病率增加的例证。

到了2004年9月中旬，对有结肠息肉复发风险的患者进行安全监测的委员会收到了联邦快递送来的“惊人数据”。根据《华盛顿邮报》记者布鲁克 · 马斯特斯和马克 · 考夫曼的描述，安全监测委员会的成员目瞪口呆地盯着这些数据看了好几天，最后被迫得出一个惊人的结论，默克公司的年报中是这样概括这一结论的：“与接受安慰剂效应测试的患者相比较，在服用万络一年半之后，患者患心肌梗死和中风等心血管疾病的风险会增加。” 这一结果使安全监测委员会停下了手中的研究项目，并把这一消息反馈给了默克公司的管理层。当雷 · 吉马丁得悉这一消息后，他对《波士顿环球报》的记者说：“这让我震惊万分。”不过，在得悉这一惊人数据之后的一周内，雷 · 吉马丁就作出了英明果断的决定，他决心消除大家的疑虑，主动让万络下架。此消息一出，默克公司的股价立刻从每股45美元急跌至每股33美元，一天之内公司的总市值就蒸发了250亿美元。到了2004年11月上旬，当每股股价跌至26美元时，投资者又损失了整整150亿美元，这也意味着在短短6周内，默克公司的市值已经缩水400亿美元。

当我在写作这一章节的时候，法院、市场、投资者、医疗科技界、公众对万络的各种评价依然没有盖棺定论。我引述这个例子的目的并非要谴责默克公司的领导者都是一群恶魔，为了赚钱不把患者的性命当回事儿；也并非要称赞默克公司的领导者是一群英雄，在没有人强制要求的前提下，就主动放弃大把的钞票不赚，主动地将万络下架；也不是批评默克公司在推出划时代新药品的过程中犯了错，默克公司数十年以来一直都在推出划时代的新药品，而且往往能取得成功并给病患带去福音。我是想说明，默克公司竭尽全力重磅推出万络这款划时代新药，如果万络不能达到原先预想效果的话，那么默克公司就会摔得很惨。

如果默克公司一直都是说得少做得多，或者实际表现总能好于预期的话，我们就不会在这里谈及默克公司遭遇的失败了。问题在于，傲慢会让你将承诺的泡泡越吹越大。直到某一天，你的预期太高，泡泡终究会被你吹破，而且会七零八碎、无可救药。

默克公司因为忙于扩大规模，忘记了当初成就自己卓越事业的使命。1950年，乔治·默克二世清楚地表达了公司的使命："我们永远都不要忘记，药是为人服务的，而不仅仅是为了赚钱。如果谨记我们的目标，那么利润自然会滚滚而来。"默克公司并没有忘记自己的核心使命（实际上，雷·吉马丁决定主动让万络下架就是受此影响），只是这一核心使命的地位不像之前那么重要了，它成了公司大踏步前进的绊脚石，而非公司前进的主要推动力。

《基业长青》一书中提及的三家卓越公司——默克、摩托罗拉和惠普最后之所以发展受挫，都是因为追求过快的扩张步伐所致。然而，这几家公司的创始人当年都是出于比赚钱更崇高的目标而创建了这几家企业。乔治·默克二世一直孜孜以求地想要治病救人。摩托罗拉之父保罗·高尔文当年痴迷于如何通过挖掘创造力潜能来实现持续创新。惠普的两位创始人比尔·休伊特（Bill Hewlett）和戴维·帕卡德（David Packard）则认为，惠普存在的目的就是要给世界带来技术贡献，而赢利只是衡量这一目标的手段而已。在乔治·默克二世、保罗·高尔文、比尔·休伊特和戴维·帕卡德看来，他们并没有把扩大公司规模当成自己的终极目标，而是将其看做追求公司核心目标的副产品和必然结果。然而，公司日后的几代掌舵人却忘记了创始人的初衷，实际上，这些接班人将两者本末倒置了。

我们不能否认，上市公司每时每刻都面临着来自资本市场的压力，市场希望公司扩张规模的速度越快越好。但即便如此，我们在研究中也发现，那些拒绝短期增长的公司能够给投资者带来更佳的长期回报，而且这种长期回报使用的也是华尔街自己对成功的定义——投资累积收益率。在我们的研究中，高瞻远瞩的公司能够区分股票价值和股票价格之间的差别，也能够区分股票持有人和股票短线投机客之间的不同。这些公司意识到，它们的职责是要为股东创造投资价值，而非使投机客短线获利最大化。最卓越的领导者的确也会追求业绩的增长、品牌影响力的扩大、创造力的提升、员工队伍的壮大，但是他们不会以牺牲公司的长期价值来追逐这些增长，他们也不会把增长同卓越混为一谈。规模大并不一定代表卓越，卓越并不一定意味着规模巨大。

违背“帕卡德定律”

说得明确一些，公司在衰落第二阶段遭遇的问题并非因为扩张本身，而是因为没有节制的贪求。默克公司的故事向我们强调了过度扩张的危险，第二阶段的病根还会以各种形式表现出来。无论是贸然进入你此前并不熟悉的领域，采取和你的核心价值观并不吻合的行动，在你无法超越同侪的行业中大手笔投资，贸然开展和自己的财力、人力都不契合的业务，一味追求规模扩张，忽略自己的核心业务而盲目介入看似振奋人心的新业务，将追逐个人的财富、名誉、权力凌驾于企业的长远发展之上，还是为了追求规模扩张，牺牲自己的价值观或是忘却了企业的核心使命，这些是恣意妄为的表现。

在衰落第二阶段中，一个最严重的问题表现形式就是违背“帕卡德定律”。（我们用惠普公司一位创始人戴维·帕卡德的名字来命名这一定律，因为正是他洞悉：一家卓越的公司之所以会消亡，往往因为机遇太多，而不是没有机遇。颇具讽刺意味的是，当讨论衰落第四阶段时，惠普公司自己就违背了“帕卡德定律”。）这一定律指出，在招募不到足够多优秀人才的条件下，任何卓越的公司都无法确保收入的持续增长和基业长青。尽管在之前的作品中我也曾谈及了帕卡德定律，但是从公司衰落的角度来看问题，我们得到了更深刻的体会：如果一家公司收入的增长速度总是快于招募精英人才的速度，那么公司的发展不仅会滞后，而且会陷入衰落。

对任何出类拔萃的公司而言，发展最首要也是最重要的基石就是拥有能自我管理和自我激励的人才，这也是企业自律文化的首要原则。你或许会觉得这种企业文化最重要的特色就是规矩多多、等级森严、官僚气息严重。我的建议则恰恰相反，如果你能招募到富有责任感的员工，那么不通情理的规矩和愚钝无用的官僚作风根本就没有存在的必要。

不过，当公司进入衰落第二阶段后，就会陷入恶性循环。在你违背了“帕卡德定律”之后，你就会在关键岗位上安排错误的人选；为了弥补错误人选无能的缺憾，你就会引入官僚机制，而这样做则会使正确的人选离开（因为官僚主义的暮气会让人感到焦躁，或是无法容忍同无能者共事，或是两者兼而有之）。这就使得公司会在更多的岗位上安排错误的人选，从而导致需要引入更多官僚机制，而这就会使更多优秀的人才离开。最终，在这样的企业里面，官僚化的平庸主义就代替了积极主动的企业文化。当官僚规矩开始侵蚀核心价值和需求标准体系里的自由和责任感之后，那么公司就已经感染上了平庸的病毒。

如果要让我选出最重要的一个公司预警指标，那就是公司关键岗位上正确人选所占的比重越来越小。一年365天里的每分每秒，你都要经常扪心自问：公司里的关键岗位有哪些？你确信这些岗位中有多大比重是由能人担任着？扩大这一比重你有什么计划？如果某个关键岗位上的员工离任，你又有怎样的预备方案？

错误人选和正确人选之间的一个显著区别就在于两者对于工作的看法不同，错误人选会认为自己只是在“工作”而已，而正确人选则认为自己是在“承担责任”。每个担任要职的人在面对“你在做什么”这一问题的时候，不是要能说出一个头衔，而是要能描述出自己的职责。他们可能会说：“我是X或Y工作的最终责任人，环顾四周，除了我之外，这份工作没有其他负责人。我也愿意承担这项职责。”一些高管团队会来参观我们的研究室，有时候我会给他们出个难题，我让他们在自我介绍的时候不要说自己的头衔，而是清晰地道出自己的职责。有些人认为完成这一要求很容易，但对于那些已经失去积极主动的企业文化（或者还没有建立起这种企业文化）的公司高管而言，这一要求让他们大伤脑筋。

随着美国银行成功崛起，确保贷款质量的重担就压在了加利福尼亚州各地各个贷款经理的肩头。斯托克顿市、莫德斯托市、阿拉海姆市的贷款经理无法找别人商量，只能自己对发放出去的各项目贷款负责。然而，当美国银行进入衰落期之后，银行内的贷款流程也变得纷繁复杂，银行内一共有大大小小100个贷款委员会，放出一笔贷款最多时需要15个负责人签字，这样一来就颠覆了原来的责任文化。放出一笔贷款到底是谁的责任呢？如果我让12个委员会同意发放一笔贷款，并有15个领导签字，那么即便这笔贷款成了一笔坏账，我也不用负责了。负责人变了，是整个体系。平庸无能的贷款经理人能够拿这样的官僚体系来当保护伞，而优秀的贷款经理人也会因为这种祖护同事糟糕表现的体系而变得越来越恼怒。美国银行的一位高管当时这样评价："公司最大的灾难之一就是，因为我们不再崇尚精英文化，所以很多优秀的年轻人都离开了公司。"

我们在研究中发现，如果高管团队能够精诚团结并作出一系列英明果断的决定，那么公司的业绩将会有大幅跃升。一个公司是否能够保持基业长青，最首要、最关键的一点就是看在领导岗位上是否持续有正确的人，这也引出了这一阶段我们要阐述的最后一点。

伯乐难存

公元前44年3月15日，盖乌斯·尤利乌斯·恺撒在元老院被刺杀，他身上被捅了23刀，倒在血泊之中。根据恺撒大帝的遗嘱，他的甥孙屋大维即位。屋大维当年才18岁，相较于恺撒大帝的左膀右臂马克·安东尼和埃及女王克丽奥佩特拉（她和恺撒生有一子）而言，他只是一个边缘人物，对恺撒大帝的政敌也没有什么威胁。但事实证明，屋大维精于权术，将恺撒大帝的忠诚卫兵打造成了一支禁卫军。公元前42年，屋大维在同马克·安东尼以及克丽奥佩特拉展开波诡云谲的斗争之前，扫清了恺撒大帝生前的其他政敌。与此同时，他逐渐利用元老院使自己的权力合法化，他手腕娴熟地婉拒了元老院给予他的一些违背罗马传统的盛誉，而仅仅接受了元老院授予他的权力（经常是伪造的声明）。经过20年的苦心经营，屋大维把自己打造成了古罗马的第一任皇帝，人称“奥古斯都”，统治罗马帝国长达40多年。

加勒特·费根（Garrett Fagan）教授开授了一门精彩的课程——罗马大帝们，他认为奥古斯都大帝是历史上建树最多的政治家。奥古斯都大帝统一了罗马各邦，结束了共和国多年来的纷争。他重建了罗马帝国的政府框架，扩大了帝国的疆域，给民众带来了和平与繁荣昌盛。奥古斯都大帝力戒穷奢极欲的生活，住在一座非常普通的房子里，不过他展现出了天赋异禀的政治权谋，他往往是通过“提建议”的柔和方式，而非通过动用法律和军队这样的国家机器来实现自己的目标。

不过，奥古斯都大帝也没能解决困扰帝国数百年之久的一个难题，那就是接班人的问题。在奥古斯都大帝卸任之后，罗马帝国一直都在贤君、暴君和昏君之间摇摆不停，甚至出现了加利古勒、尼禄等荒淫无度的君主。罗马帝国之所以会衰败，不能把责任完全推到有问题的权力移交这一点上，推到奥古斯都大帝没有能够建立起一套行之有效的权力过渡体系上。

如果企业的领导者不能让权力顺利移交，那么这就会让企业陷入衰落的境地。有时候，这些领导者没能未雨绸缪地解决这一问题；有时候，他们压根没解决好这一问题；有时候，他们运气不好，选出的接班人后来离职或去世了；有时候，他们有意给接班人设置障碍；有时候欲速则不达，他们把选人的事情给搞砸了。但不论衰落是如何发生、何时发生的，公司衰落最显著的一个标志就是，权力落入了不能理解为了公司的基业长青什么必须做而什么不能做的领导者手里。

在我们研究的案例中，在衰落第二阶段，公司的权力移交环节基本都存在问题，只有一个公司是特例（电路城）。在至少多于一家的处于衰落阶段的公司里，我们发现了以下这些混乱的症状：

- 某位说一不二的领导没能培养起能干的接班人（或者没法容人，把强者都赶走了），导致当他离职后，企业出现了权力真空。
- 某位能干的高管出人意料地离世或离职了，没有能力卓越的人可以迅速接替他。
- 能干的继任者成为首席执行官的概率降低了。
- 能干的继任者出其不意地离开了公司。
- 董事会在选择继任者的问题上分歧严重，董事会分成了不同派别。
- 领导者只要可以掌权，就一直掌权，然后匆忙传位，让羽翼未丰满的某个下属接班，自己充当管理人的角色。

- 家族企业偏爱自己本家族的人而非“外人”，他们喜欢任人唯亲，而非任人唯贤。
- 董事会从外部聘请了一位职业经理人来继任，而这位继任者的理念和公司的核心价值观并不吻合，最后，他像瘟神一样被赶走了。
- 在选择正确的首席执行官这一点上，长期来看，公司是失败的。

我们在研究中发现，如果公司某位富有传奇色彩的领导者退休后，第二阶段的这一趋势会更加凸显。或许继任者觉得压力颇大，很难放手一搏，觉得很难做到无愧于前任领导者的殷殷期待和满足华尔街非理性的期许。富有传奇色彩的领导者可能会无意（甚至是有意）地选取能力稍逊一筹的继任者，从而更能彰显出自己的突出才干。但不论公司内部有怎样的波涛汹涌，如果公司身陷衰落第二阶段的泥潭，并且在权力交接上搞砸了，那么，这个公司很快就会在第三阶段的泥潭里越陷越深。

在从事研究的这些年里，我对个人的领导力一直心存怀疑，因为我发现大型机构之所以能取得成功，是很多人戮力同心的结果，而不是因为一个人的卓越能力。我们在研究中发现，最优秀的领导者身上有着与众不同的能力，他们不会自视甚高，而是意识到公司要取得成功，需要打造一支精干的高管队伍，建立起一种植根于核心价值观之上的企业文化，他们知道公司的成功不能仅仅依靠一个能人的单打独斗。然而我们发现，在衰落的企业里，人们更看重明星老板的效应，而不是注重团队的更优表现。因此，尽管我依然对个人的领导力心存怀疑，但事实让我得出这一重要结论：没有哪个领导者能够单枪匹马地打造一家基业长青的企业，而大权独揽的不合适的继任者一个人就能把企业搞垮。

选人要慎之又慎。

衰落第二阶段主要症状

· **追求不能持续的增长，将规模大和企业卓越混为一谈：** 企业成功之后，扩张的期望也就更强烈了，企业在这种过高的期望之下出现一种恶性循环。这种恶性循环会扼杀员工的积极性、企业文化和既有体系的健全性，直至将企业推向危险的临界点。这样的企业难以持续地成功贯彻自己的商业战术，企业这驾马车也会在磕磕绊绊中麻烦不断。

· **贸然突击：** 企业贸然采取激进的举措，至少会出现做得欠佳的三个方面中的一种情形：这些举措能够点燃员工的激情并和企业的核心价值观相吻合吗？企业能成为这些领域和业务方面的全球翘楚吗？这些业务活动会使得企业的经济和人力资源得到更佳的配置和利用吗？

· **关键岗位上越来越多的精英流失：** 在关键岗位上留任的精英越来越少，因为越来越多的人才不断流失，或是企业扩张的速度超过了吸纳优秀人才的速度，从而无法让企业延续一贯的优异表现（违背“帕卡德定律”就是其中的一种表现）。

· **花钱大手大脚的习惯侵蚀了自律性：** 当企业需要的成本逐渐上升时，以提高价格和营业收入来作为对策，而不是让企业变得更加自律。

· **官僚习气破坏了积极主动的工作氛围**：官僚风气和规矩重重破坏了积极主动文化中的自觉性和责任感，员工日益将自己的工作当做“干活儿”，而不是在履行责任。

· **伯乐不常有**：企业在领导者更替的过程中出现问题，也许是前任领导者在这方面规划失当，或者是没能从内部遴选出合适人选，也有可能是碰上了权力动荡和坏运气，还有可能是选人不当。

· **将个人利益凌驾于企业之上**：当权者利欲熏心地想要给自己和亲信牟取利益，将更多的财富、特权、名誉、成功的光辉据为己有，竭尽所能地让自己的小阵营短期利益最大化，而非着眼于为企业几十年之后的基业长青夯实基础。

HOW THE MIGHTY FALL

03

企业衰落第三阶段　漠视危机

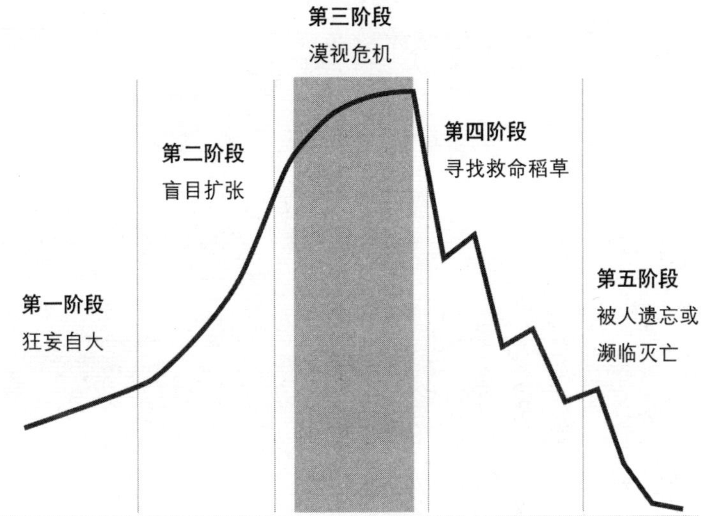

1985年，摩托罗拉的一位工程师在巴哈马群岛度假。他太太想和她的客户通过手机进行联系（当时手机刚刚面世），但是她发现通话音质不好。这使得工程师萌生了一个点子：为什么不创建一个通信卫星群，从而让世界各地的手机用户都能够进行电话联络呢？你也许读过新西兰著名登山运动员罗布·霍尔的传记，1996年当罗布·霍尔在珠穆朗玛峰28 000英尺处被风雪掩埋后，他通过铱星电话和自己太太作了临终告别。他的临终遗言让整个世界都为之动容："晚安，宝贝，不要太担心。"如果没有铱星卫星的连线，很难想象罗布·霍尔能和自己的人生伴侣作最后的告别。摩托罗拉将这种地球上任何地方的人都能建立通话联系的业务称为铱星通话，并极富远见地将这一业务推向市场。

摩托罗拉第二代掌门人罗伯特·高尔文避免盲目开展不利于持续经营的大规模投资，他偏爱一系列经过精心策划和实践检验并能将新点子变为市场风向标的商业规划，这种商业规划还能不断地更新。在罗伯特·高尔文看来，铱星业务虽然是一个非常新的商业点子，但如果能成功的话，将成为市场上的大宠儿。20世纪80年代晚期，摩托罗拉引入了种子资本的资金，打造一个低轨道卫星系统原型。1991年，摩托罗拉将铱星业务从公司中分离出去，使之变为了一家独立运营的公司，摩托罗拉是这家新公司最大的股东，也一直在给这一商业理念投钱。截至1996年年底，摩托罗拉对这家新公司的投资超过了5.37亿美元，并帮公司贷款7.5亿美元，总金额超过了摩托罗拉当年利润的总和。

在《从公司滑铁卢中得到启示：铱星计划的起起伏伏》一书中，西尼·费因凯尔斯坦与沙德·赛弗德指出，决定铱星计划成败的关键时刻是在1996年，而非这项计划启动时的20世纪80年代。因为在研发阶段，要终止这项计划要付出的代价相对较小，研发阶段之后紧跟着的就是计划付诸实施的阶段了，计划实施阶段需要的投资比之前要多得多，毕竟发射66颗卫星可不是便宜的试验。

1996年年底，在罗伯特·高尔文退休几年之后（他使用种子资本几年后），铱星计划看起来也不像原来那样有吸引力了。传统的手机业务几乎覆盖了全球，使得铱星计划的独特吸引力大为下降。不仅如此，铱星通话还有很明显的劣势：你要使用砖头般大小的耳机，而且只有在户外才能收到信号（你可以实现手机到卫星的直接通信），这就没有传统手机那么方便。有多少人会愿意在环球旅行的时候还扛着一块“大砖头”到处跑呢？要打电话的时候还要特意乘电梯下楼，跑到大街上，或是让出租车司机把车停在街边，好让你下车找到信号再打电话。每部铱星手机的耳机价格高达3 000美元，每分钟通话价格3美元到7美元不等，而传统手机的资费却在不断下降。诚然，在没有手机信号基站的偏远地区，铱星通话确实能派上很大用场，但是偏远地区缺乏铱星业务所需要的一个关键因素——用户。毕竟，有几个人会想在南极点或珠穆朗玛峰顶给亲友打电话呢？

当摩托罗拉1985年提出铱星通话的商业构想时，很少有人能预见到手机业务能够覆盖全球。到1996年年底，大家观察到的迹象都表明铱星项目会被叫停。与此同时，摩托罗拉的营业收入也从50亿美元跃升到了270亿美元，其中的一个重要推动力就是衰落第二阶段的扩张雄心（罗伯特·高尔文退休后摩托罗拉公司提出的）。摩托罗拉公司希望大张旗鼓地推出铱星业务，公司在1997年的年报中夸耀说：“随着铱星®全球个人通信系统的推出，摩托罗拉将创造一个新的产业。”正因为如此，即便有越来越多不利的阻挠因素，摩托罗拉还是推出了铱星业务，1998年时用户就可以使用铱星电话了。然而，仅仅过了一年，铱星公司就申请破产，还欠下了15亿美元的贷款。因为铱星业务的影响，摩托罗拉1999年的年报中出现了创纪录的20多亿美元的成本开支，这也导致摩托罗拉公司迅速陷入第四阶段的泥沼。

困难的赌注

当公司进入衰落第三阶段之后，我们会发现前两个阶段积累的负面效应也开始逐渐显现。公司从狂妄自大的第一阶段走向了盲目扩张的第二阶段，这样一来公司势必会陷入漠视危机的第三阶段。这也正是摩托罗拉铱星业务所走过的历程写照。与此相反，我们来看一看德州仪器公司（Texas Instrument）的成功历程，它逐渐发展为数字信号处理领域内的英特尔。

20世纪70年代末期，德州仪器公司的工程师想到了一个非常棒的点子来帮助孩子们学习拼写，他们制作的机器玩具能够“说话”，该玩具还能教孩子在一袖珍键盘上把说的话写下来。这就是Speak & Spell语音合成器的起源，它是第一款使用数字信号处理的产品。数字信号处理芯片具有处理声音、音乐、图像等模拟数据的能力，像字节一样，声音、音乐、图像会被切分组合。1979年，德州仪器公司仅投入了15万美元来进行数字信号处理技术的研发（不到公司当年总收入的万分之一），到了1986年年底，数字信号处理芯片给德州仪器公司贡献了600万美元的年收入。这并不能让德州仪器公司把宝全压在数字信号处理芯片业务上，但是却坚定了公司继续支持这项业务研发的决心。德州仪器公司的用户也发现了数字信号处理芯片的一些新用途（包括在调制解调器、语言翻译和通信等领域），德州仪器公司也成立了独立的数字信号处理芯片事业部。到了1993

年，德州仪器公司赢得了一笔大合同，就是帮诺基亚手机生产数字信号处理芯片。到了1997年年底，德州仪器公司生产的数字信号处理芯片已经装进了2 200多万部手机里。

也就是在这一年，德州仪器公司立志成为数字信号处理领域的英特尔。德州仪器公司的首席执行官汤姆·安吉伯（Tom Engibous）说道："我希望，当提及数字信号处理的时候，人们马上就会想到我们，就如同提起微型处理器人们就会想到英特尔一样。"汤姆·安吉伯亮出了惊人的手笔，他出售了德州仪器公司的防务领域和记忆棒的业务，给公司大胆瘦身，集中火力主攻数字信号处理业务。到了2004年年底，德州仪器公司80亿美元的年收入中有一半来自日渐红火的数字信号处理业务的贡献。

有一点我们要留意，德州仪器公司在数字信号处理业务还处于研发初期的15年中，并没有将这项业务当成企业的主营业务。德州仪器公司并没有在推出Speak & Spell语音合成器的1978年下大赌注，也没有在推出数字信号处理单芯片的1982年下大赌注，更没有在数字信号处理业务收入只有600万美元的1986年下大赌注。汤姆·安吉伯确实制定了一个振奋人心的目标，但这并非来自傲慢不羁或是忽视风险，而是基于企业20年来在发展中积累的经验，将企业未来的目标置于成功经验的坚定基石之上。

我之所以列举这一组对比的例子，并不是想说明摩托罗拉在研发铱星手机项目的时候犯了错，或是德州仪器公司研发数字信号处理业务时更有远见。如果你事先就能预测什么商业构想能够奏效，那么你自然会把资金投到这些项目中去。但在现实中，我们并不具备这种预知未来的超能力。这也是卓越的公司会在很多最后并不能成功的小项目上进行研发投入的原因。在铱星手机和数字信号处理项目启动初期，摩托罗拉和德州仪器公司都成功地进行了小规模的研发尝试，但是和摩托罗拉不同的是，德州仪器公司直到积累起了足够多的实践经验之后才开始下大赌注。大胆的商业构想确实能促使企业进步，但是没有经过实践检验或者与不利的局面对着干的做法会拖垮企业，除非福星高照或者好运当头。可是，把未来压在好运气上并不是什么保险的策略。

读到这里你可能会想："那就不要忽视现实中的种种迹象啊！如果现状那么不妙，就不要推动铱星项目，这样就可以避免陷入衰落第三阶段的泥沼了。"然而，现实中的一切并不都是清晰可辨的，很多情形都很令人困惑，杂乱且模糊不清，需要你自己加以解读。实际上，最危险的并不是忽略确凿无疑的事实，而是对模棱两可的情形判断失误，一旦情形不利，你将陷入灾难缠身的险境。为了说明这一点，我想借用一个很多人知道的悲剧来加以阐述。

“吃水线”风险

1986年1月27日下午，美国国家航空航天局（NASA）的一位负责人给莫顿聚硫橡胶公司的工程师打电话。莫顿聚硫橡胶公司是美国国家航空航天局的一个分包商，负责给美国国家航空航天局生产火箭助推器。当时离28日清晨只剩几个小时了，“挑战者号”航天飞机在佛罗里达州的肯尼迪航天中心等待预定发射时间，专家预计发射当天清晨的气温将在20多华氏度，发射升空时的气温将在30华氏度(零下1摄氏度)以下。美国国家航空航天局的负责人让莫顿聚硫橡胶公司的工程师考虑一下，发射时的低温天气会不会对固态火箭助推器产生什么影响。莫顿聚硫橡胶公司的多位工程师很快就聚在了一起讨论一个叫做O型环的独特装置。当火箭的燃料燃烧时，可以用橡胶材料制造的O型环来密封住接缝，这就相当于给灼热的气体加上一个顶盖；倘若不加这层防护的话，那么就有可能发生灾难性的爆炸。

美国在之前的24次火箭发射中，最低气温是53华氏度，比“挑战者号”发射时的气温要高出20多华氏度，因此工程师们也没有统计数据表明在25~30华氏度的条件下，O型环会发生怎样的变化。

他们搜集的数据表明，在温度降低的条件下，O型环密封需要的时间也更长（你也可以想象一下生活中的例子，你可以把冰箱门附近温度很低的橡胶圈和室温下的橡胶圈进行对比，低温橡胶圈的延展性肯定不如室温下的橡胶圈那么好）。工程师们表达了他们的担忧，最后商定包括美国国家航空航天局专家在内的34人，于美国东部时间当晚8点15分召开远程电话会议。

远程电话会议的第一个小时是讨论环节，最后莫顿聚硫橡胶公司的工程师们得出结论：他们不建议在53华氏度以下的气温环境下进行发射。美国国家航空航天局的工程师们则表示说，原有的数据互相矛盾，无法根据原有数据来下定论。原有的数据确实清楚地表明，在60华氏度以下的低温下，O型环确实会影响发射；不过数据也表明，O型环在75华氏度的低温下也会影响发射。美国国家航空航天局的一位工程师回忆说："有很多数据都是相互矛盾的。"让人更加费解的是，之前在53华氏度以下的气温环境下进行发射的时候，莫顿聚硫橡胶公司并没有提出反对意见（以前的发射温度自然没有20华氏度那么低，但是肯定比工程师们提出的53华氏度的分界线要低），这就和工程师们这一次提出的建议相左。工程师们认为，即便第一个O型环出现了故障，那么备用的第二个O型环还能起到密封的作用。

在颇具权威的《"挑战者号"的决策》（*The Challenger Launch Decision*）一书中，社会学家黛安娜·沃恩（Diane Vaughan）破

解了“挑战者号”爆炸之谜，她指出美国国家航空航天局的负责人忽视了不能否认的数据，在不安全的条件下坚持进行发射。发射前夜，远程电话会议中的谈话如实地表明了发射工程参与者的困惑和质疑。在远程电话会议中，一位美国国家航空航天局的负责人脱口而出：“我的天啊，你们想要让我们什么时候才进行发射，是要拖到明年4月份吗？”也是在当晚，美国国家航空航天局的负责人也表达了对发射“挑战者号”的疑虑，一位工程师请求自己的同事不要让他犯错，这位工程师说道：“我难以同意分包商都不推荐的发射计划。”当晚的讨论整整持续了3个小时。倘若他们手中的数据准确的话，难道还需要冗长地讨论3个小时吗？数据分析专家爱德华·塔夫特（Edward Tufte）在《视觉解说》（*Visual Explanations*）一书中指出，如果负责“挑战者号”的工程师能将手头的数据用图表的方式描绘出来，那么就可以从中看到清晰的趋势：每一次在66华氏度气温条件下的发射都会造成O形环的损坏。但是，没人将这些数据用清晰明了的绘图方式展现出来，以至于温度越低发射风险越大的观点在当晚的讨论中一直模糊不清。负责O形环的首席工程师总结时指出：“我们没有足够多的数据来下定论，所以也没法说服任何人。”

到底要说服谁接受什么？这是问题的关键。因为阴差阳错，大家要决策的内容发生了180度的大转弯。之前面对火箭发射时，决策者应该探讨“你能证明发射是安全的吗”；然而，“挑战者号”的决策者却在探讨“你能证明发射是不安全的吗”。如果这次发射任务的决策者探讨的问题没有发生180度的大转弯，或者人们能从已有数据中解读出明确的信息，那么第二天“挑战者号”应该还在发射台上静静地躺着。毕竟，同将发射时间推延几小时相比，在发射时出现灾难性事故毕竟要恐怖得多，因此不会有谁愿意冒天下之大不韪。如果你是美国国家航空航天局的一位负责人，你怎么会去推动一个风险极高并可能会导致灾难后果的决策呢？任何理性的人都不会这样去做。当时大家手里拿到的数据是模棱两可的，而大家讨论的问题也发生了180度的大逆转。因为无法否认发射项目是不安全的，莫顿聚硫橡胶公司也改变了自己的立场，转而同意进行发射，他们在凌晨之前将确认意见传真给了美国国家航空航天局。1月28日上午11点38分，发射时的气温是36华氏度，O形环在刚点火发射时就失效了。发射升空73秒之后，“挑战者号”在空中爆炸，化作一团火焰。“挑战者号”上的7名宇航员全部牺牲，和“挑战者号”的废墟一起落入离发射中心7英里远处的大海里。

“挑战者号”的悲剧给了我们一个重要的教训。当面对会产生极其严重后果的决策时（我们可以把其称为“发射决策”），制定决策之前需要有足够的证据表明绝对安全。如果“挑战者号”的负责人能够更多地考虑项目的安全性（“如果不能排除不安全的隐患，那么我们就推迟发射”），那么“挑战者号”就有可能避免化为废墟的悲剧。

戈尔联合公司的创始人比尔·戈尔曾提出过一个衡量风险、制定决策方面的有效原则，他将其称为“吃水线”原则。你不妨假设自己就在一艘船上，如果做错了任何决策，就相当于在船舷旁凿了一个洞。如果这个洞位于吃水线上方（水不会没过这条线，因而没有沉船的危险），你可以及时地将洞补上，从中吸取经验教训并继续前行。但是，如果你在吃水线下方凿了一个洞，那么你就会发现水会汹涌而入，使船沉入海底。如果这个洞足够大，你很快就会沉入海底，就像2008年金融海啸中一些金融巨鳄很快就葬身海底一样。

诚然，很多企业都会冒大风险，但是它们也会避开吃水线下方的风险。当你面对模棱两可的信息感到难以抉择的时候，不妨问自己3个问题：

1. 如果一切顺利，会有什么好处？
2. 倘若情况不顺，会有什么糟糕的结局？
3. 面对糟糕的结局，你能接受吗？真能接受吗？

假设你正在一处悬崖上攀岩，一场暴风雨马上就要到来，但是你不确信这场暴风雨是否会很大或者伴有危险的闪电。你必须当机立断：是继续往上攀岩，还是原路返回？在科罗拉多州黄金峡谷著名的裸岩，两位攀岩爱好者就遭遇了这一难题。他俩在攀岩途中听到了远处传来的隆隆雷声，需要决定是否要继续原定的登顶计划。这时他们不妨考虑一下上述3个问题：如果暴风雨很快过去了会怎样？他们可以按照原计划顺利登顶；如果他们正在岩石上攀岩，暴风雨来临时电闪雷鸣该怎么办？他们很有可能会命丧九泉。然而他们还是决定继续攀登。他们刚要攀上岩顶，恰巧暴风雨正好经过峡谷。倏然间，他们身上的金属防护绳起电，冒出了火花。随着“砰”的一声巨响，闪电击中了位于上方的攀岩爱好者，导致其当场罹难。

当我们用这种思维方式考虑问题的时候，概率也发挥着比较大的影响。如果不利局面出现的概率是零或者通常很小，要与不利局面出现概率较高、不稳定或者高度不确定的情形区别开来，否则我们就不敢登上商务航班了，更别提去攀爬黄金峡谷的裸岩或者约塞米蒂峡谷里的酋长岩了。上述例子里的两位攀岩者明明知道出现雷暴天气的可能性极大，依然冒险继续攀岩，造成了风险不对称的局面（好处很少，灾难性的后果很严重），最终酿成了无法挽回的悲剧。

2008年的金融危机也向我们证明，如果不能驾驭这些风险，很有可能会造成毁灭公司的严重后果。随着房地产市场的泡沫越吹越大，随之而来的风险也越来越大。金融衍生产品的杠杆率急剧提高（有时候甚至达到了30倍），那些以房贷为支撑的金融衍生产品的敞口风险越来越大，这一切到底有什么好处呢？如果一切都顺风顺水的话，那么也就意味着会创造更多的利润。但如果整个市场的泡沫都破灭了，我们就会进入史上风险最大的危机期，那我们又该承受怎样的后果？美林证券被美国银行收购；房利美也由美国政府接管；贝尔斯登在无助中被兼并，从此从华尔街的舞台上消失了；雷曼兄弟这家百年老店轰然倒地，掀起了市场上的流动性危机，从而也导致全球经济陷入衰退。

领导团队的精神状态

诚然，公司在衰落的过程中并非一定会遇上推出铱星手机这样的大型项目，也不一定会遭遇火箭发射失败导致宇航员罹难的致命后果。公司在衰落的第三阶段也会日渐衰微，周围也亮起了越来越多的红灯。领导者有可能会发现顾客忠诚度下降，库存周转速度放缓，利润率逐渐下滑，议价优势日益丧失，或是其他表明企业变得越来越平庸的指标亮起了红灯。那么，你最应该关注哪几个指标呢？对于企业而言，我们的研究表明，任何导致毛利率下降、营运资金比率下降、负债与产权比率上升的迹象都表明风雨欲来。我们对11家企业进行的财务研究表明，它们在向衰落的第四阶段过渡时，至少在上述3个指标中出现了关于一个目标不好的趋势，但是我们并没有发现公司的管理层为此而忧心忡忡，更没有想要积极调整的欲望。事实上，客户和股东的忠诚度也值得管理层关注。此外，我们在第二阶段也讨论过，关键岗位上有越来越多的优秀人才流失，这一点需要管理层加以重视。

随着公司在衰落第三阶段的泥沼中迅速下陷，领导团队的精神状态同打造卓越公司的领导团队的精神状态截然不同。在下面这张“领导团队的精神状态”表格中，我将走上坡路与走下坡路企业的精神状态进行了对比。

领导团队的精神状态

走下坡路团队的精神状态	走上坡路团队的精神状态
员工有意向决策者隐瞒严峻的现实情况，担心决策者了解到现状之后会处罚和批评自己	遇到糟糕的情形时，员工会主动告诉同事，他们会说“快来看看，这里出事了”，并和同事进行讨论。领导从不批评那些实话实说的员工
员工在没有提供数据、证据和有逻辑的论断的前提下却坚持己见	员工在讨论的时候会引述数据、证据，并提出合乎逻辑的论点
团队领导说话一言堂，几乎不许别人插话提问。这样一来，团队其他成员就没能对讨论作出实质贡献，大家思考问题也是草率了事，还会造成无中生有的偏见	团队的领导喜欢采用苏格拉底式的发问，自己说的不多，却向同事提出了很多问题，积极调动大家的思维，促使大家能够看透问题的本质
团队成员默认一项决议，但是并没有用合力来促使这项决议得以成功推行；更糟糕的是，还有人会故意搞砸这项决议	一旦某项决议通过，团队成员都会戮力同心地让决议取得成功，尽管团队成员最初可能竭力反对这项决议

（续）

走下坡路团队的精神状态	走上坡路团队的精神状态
团队成员竭力邀功，对同事们的欣赏却毫不在意	团队成员功成而不居，却很在意同事之间的彼此欣赏
团队成员互相争执，为的是显得自己很能干，或是为了使自己多分一杯羹，而非为了给集体的事业找到更好的对策	团队成员互相争论，为的不是一己之私，而是为了给共同的事业找到更好的对策
团队经常“责全求备”，为的是找替罪羊，而非让大家变得更睿智	团队成员经常“自我批评”，从惨痛的失败教训中吸取宝贵的经验
团队成员无法施展优异的才能，遇到困难、错误和失败的时候就把责任归到外部因素或别人身上	每个团队成员都有优异的表现，在面对困难的时候，每个人都愿意主动承担责任并能从错误中汲取经验教训

处于衰落第三阶段的企业往往有一种共同的行为方式（它们也会把这种行为方式带入第四阶段），那就是掌权者将责任推到别人身上或外部因素上，而不是诚实地来应对企业面临的难题，这样一来企业就有麻烦了。20世纪80年代末90年代初，方兴未艾的分布式计算开始影响IBM的主营业务，IBM也开始走向了下坡路。IBM的一位高管将这种让人担忧的趋势坦诚地告诉了公司的其他高管，结果发现自己却成了众矢之的，IBM一位说一不二的领导将这份报

告扔到一旁，不屑地挥手说道："报告中的数据肯定有问题。"这位年轻的IBM高管当时就知道这家企业帝国注定将衰落。于是，他离开了IBM自己创业，当谈到当年离开IBM的决定时，他幽默地说："自己白手起家创业总比对风险置之不理要更保险。"尽管IBM后来进行了改组，也加大了研发力度，但是并没有能够止住公司下滑的势头。到了1992年，业界将IBM比喻为一只行将绝迹的恐龙。富有传奇色彩的首席执行官郭士纳帮助IBM扭转乾坤，他直面IBM的缺陷，在他任职的早期就向高管团队提出了尖锐的问题："IBM至今已经裁员12.5万人……是谁让他们丢了饭碗的？难道是上帝的旨意吗？是竞争对手崛起并打败了我们。"

在我们研究的过程中，我们发现11家公司中有7家公司在衰落时期会把责任推卸到外部因素上。当真力时在20世纪70年代中期遭遇困境的时候，真力时的首席执行官列举了一系列外部因素作为挡箭牌："谁能预料到会发生水门事件？谁能预料到我们现在面对的大萧条……我们突然就遭到了重创。" 真力时也开始抱怨来自日本厂商的不公平竞争，这种竞争使公司的利润锐减，而且市场份额不断下滑。即便日本厂商真有"不公平"竞争的情况（美国司法部并没有作出有利于真力时的判定），但真力时的表现就像美国的汽车工厂一样，他们拒绝承认日本的竞争对手能生产出物美价廉的产品。没过多久，真力时就滑入了衰落的第四阶段。

企业忽视风险还有最后一点值得我们关注的表现，那就是像走马灯似的进行重组。到1961年年底，斯考特纸业已经打造出了全世界最成功的消费品纸业公司，在餐巾纸、面巾纸、棉纸等各种纸类产品中都独占鳌头。此时，宝洁公司开始进军这一市场，金佰利–克拉克公司、佐治亚–太平洋公司等竞争对手也开始侵占斯考特纸业的市场份额。宝洁公司推出了Bounty牌纸巾来和斯考特纸业逐鹿高端市场，其他品牌则在低端市场上围猎斯考特纸业。1960~1971年期间，斯考特纸业的市场份额从一半下降到只有1/3。1971年，宝洁公司在全美国推出了Charmin牌卫生纸，这是对斯考特纸业最重要的一个产品发起了直接攻击。

那么，斯考特纸业的应对之策是什么呢?

重组。

斯考特纸业将营销和研发部门进行了整合，将组织结构图上的不同部门进行了多次调整，但是5年之内都没有拿出针对Charmin牌卫生纸的有力反击对策。整整用了5年的时间！斯考特纸业在20世纪80年代继续进行重组，4年之间竟然有3次之多。斯考特纸业每种产品的市场份额都出现了下滑，很快就陷入了衰落第四阶段。

公司重组会给你带来一种错觉，会让你误以为公司正在做的事是富有成效的。公司总会进行重组，这也是公司不断进步的特征。但是面对不利的数据和迹象时，如果你的首选对策就是重组，那么你很有可能就是在漠视危机。这有点儿像是面对严重的心脏病或是癌症的时候，你只是把家里的家具搬来搬去试图缓解病情一样。

任何组织都不是尽善尽美的乌托邦。所有的组织结构都有利有弊，每种组织结构都有效率不高之处。我们的研究表明，没有哪种组织结构能够遮挡任何风雨，任何形式的重组都不能够让风险和危险自行消失。

衰落第三阶段主要症状

· **将好消息过度放大，对坏消息大事化小：**企业在面对不利数据的时候，往往不是去审视自身是否有问题，而是在解读负面数据的时候采取大事化小的态度，而面对外界的表扬或报道的时候，往往过分夸大好消息。

· **在没有实证支撑的基础上就贸然出击：**在没有实证经验支撑的基础上，甚至在背离实际风向标的情况下，企业的领导者贸然设定过高的目标或是下大赌注。

· **面对模棱两可的信息，盲目决策：**当面对模棱两可的信息和有潜在灾难性后果的决定时，企业的领导者往往盲目乐观，甘冒“吃水线”的风险。

· **团队士气低落：**团队成员彼此间的对话、讨论的次数不仅减少了，而且质量也变得越来越差了。团队讨论时大家默不做声地达成“共识”，或者成了某个领导的一言堂，而不是开诚布公地沟通并齐心协力地去实现目标。

· **推卸责任：**企业的领导者不去为挫折、困难负起全责，而是把责任推到外部因素上或别人身上。

· **频繁重组：**企业并没有脚踏实地面对残酷的现实，而是一而再、再而三地进行重组。企业员工的注意力都放在了内部政治而不是外部现实上。

- **领导者专横跋扈、高高在上：**领导者专横跋扈、高高在上。高管们享受的高福利和高薪水让员工觉得他们更加不可一世。领导者宫廷般奢华的办公室也让他们越发脱离现实。

HOW THE MIGHTY FALL

04

企业衰落第四阶段　寻找救命稻草

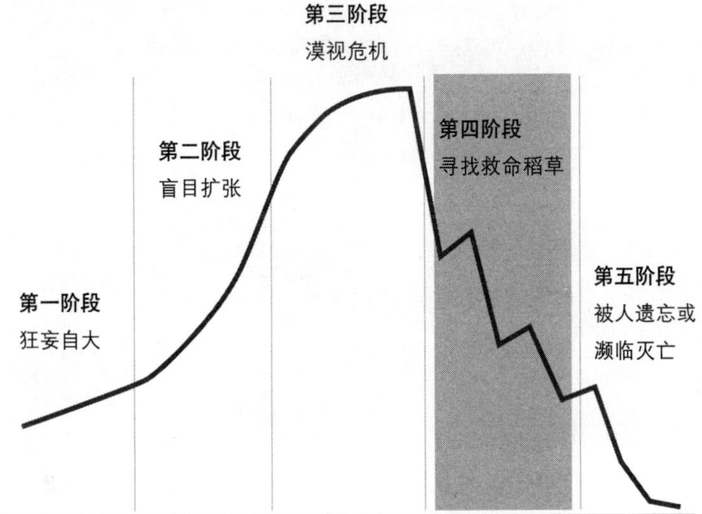

1992~1998年期间，惠普首席执行官路·普拉特（Lew Platt）带领企业实现了利润增长4倍、股票累积收益率增加5倍的骄人战绩。这一成就也使得《首席执行官》杂志将路·普拉特评为过去25年间排名第11位的最成功的财富创造者。可是转眼到了1999年年初，在很多投资人、分析师、商业记者看来，路·普拉特在痛苦地挣扎，因为惠普公司正在努力追赶互联网经济的末班车。

尽管我认为路·普拉特不是一个失败者，但是也不得不承认，他的一个失误使得惠普公司和他自己以后栽了大跟头，因为他带领一家超大型企业以不可持续的超速在向前推进。过去，惠普为了把年营业额做到150亿美元整整花了半个多世纪；而在路·普拉特的领导下，惠普仅仅用了4年就将营业额翻了一番，达到300亿美元；又仅仅过了3年，惠普的年营业额又突破了450亿美元大关；由于无法继续保持原来的超高速增长，惠普1998年的时候就撞了南墙，公司的表现连续5个季度让华尔街大失所望。如果路 · 普拉特能给之后的发展留下一点空间，那么接下来几年的成长之路也许会更顺畅些，惠普也能在20世纪90年代后期继续书写成功的辉煌。可是，路 · 普拉特却丢了饭碗。

1999年1月，惠普的董事会在加利福尼亚州帕拉阿图的花园庭院酒店开会。彼得 · 伯罗斯（Peter Burrows）的《逆势出击》（*Backfire*）和乔治 · 安德斯（George Anders）所著的《完美变奏》（*Perfect Enough*）对这一关键时期进行了精彩的描述。20世纪90年代后期，互联网时代的泡沫给传统的经济学规律带来了巨大的冲击，惠普的员工最开始感到困惑，之后感到惊奇，最后变得害怕。到了1999年，亚马逊和雅虎等网络公司用了短短的5年时间，就把市值从零做到了150亿美元，而惠普实现这一目标所花费的时间是这两家公司的10倍。

戴着厚边眼镜的路 · 普拉特性格低调不张扬，喜欢开毫不起眼的福特金牛座轿车，也经常在员工餐厅和下属一起吃饭。路 · 普拉特或许适合在更早的时期担任惠普的掌舵人，但惠普陷于停滞的增长态势以及阴跌不止的股价让员工很担心（整个科技板块的企业都在风风火火地前进），他们觉得惠普需要新的掌门人。因此，这位57岁的首席执行官提出自己是否应该提前退休，把掌舵权交给下一代。惠普董事会接受了路 · 普拉特提出的辞呈，并开始四处寻找合适的首席执行官人选。

1999年7月19日，惠普宣布从朗讯科技公司挖来了卡莉·菲奥莉娜。1998年，这位“超级营销皇后”力压脱口秀女王奥普拉·温弗瑞，被《财福》杂志评为“商界最有影响力女性排行榜”的第一名。迟暮、死板的惠普聘请了世界上最有影响力、最有魅力、最让人热血沸腾的商界女强人，这让全世界重新燃起了对惠普的激情。这股激情的灼热程度让卡莉·菲奥莉娜自己都感到眩晕。不仅《福布斯》、《财富》和《商业周刊》等商业媒体想要深入报道这则新闻，《奥普拉脱口秀》、美国广播公司女主播黛安·索尔、《魅力》和《风尚》等大牌媒体和主持人也都争相想采访她。卡莉·菲奥莉娜值得赞扬的地方是，她没有接受所有的采访请求，甚至回绝了一些大牌媒体的采访请求。尽管如此，要求采访的电话还是接连不断地打到惠普公司，惠普的员工发现他们请来的是一位明星首席执行官、一位商界的摇滚明星，她的存在可以在媒体界掀起报道高潮。卡莉·菲奥莉娜接任惠普的首席执行官一职还不到48小时，就引来了《华尔街日报》、CNBC电视台、《华盛顿邮报》和《纽约时报》等大牌媒体的争相报道。不到两周，她又成了《商业周刊》封面的特写人物。

卡莉·菲奥莉娜的高调出场和郭士纳1993年临危受命挽救IBM的风格完全不同（将IBM与惠普的成功进行对照分析）。当《今日美国》为郭士纳提供了一份他入主IBM 100天后的“每日进程表”时，郭士纳的回答是“不用了，谢谢。我们正在评估手头的项目，前景有点儿不太乐观”。上任的第一天，郭士纳并没有去IBM总部，而是去拜访了一个国际经理人。此时的郭士纳还没有IBM公司的通行证，所以他在防卫森严的大楼前吃了闭门羹。郭士纳在《谁说大象不能跳舞》[①]中写道：“我觉得她之所以让我进去更有可能是因为她不想让我再继续敲门，而不是因为她认为我是里面的人。我在办公楼里转了好久，最后才找到了会议室，会议刚好开始。”

卡莉·菲奥莉娜接手惠普没多久，在商业造势上表现出色，她在惠普两位创始人在20世纪30年代晚期创业的加利福尼亚州帕拉阿图市的传奇车库前信誓旦旦地宣称：“比尔·休利特和戴维·帕卡德的企业正在重生。当年创业初期蒸蒸日上的企业就要回来了。你们等着瞧吧！”在其他变革急先锋的支持下，卡莉·菲奥莉娜在惠普内部掀起了充满激情的、催人奋进的变革浪潮，用她那旋律高昂的进行曲催促着自己的队伍前进。她制定了宏伟的、全面的战略，给惠普的品牌打出了“创造”的口号，在营销方面积极出击，极力敦促员工以互联网般的节奏向前冲。《福布斯》杂志一篇封面文章的标题就是“卡莉的信徒”，这篇文章开篇的半页用大号字体描述惠普“随时追随卡莉”的企业特点。这篇文章的后面引用了卡莉·菲奥莉娜的一句话“领导力就是业绩”。在众多惠普的虔诚追随者聚在一起的一个场合中，卡莉·菲奥莉娜发表了一次振奋人心

① 《谁说大象不能跳舞》一书中文版已由中信出版社出版。——编者注

的演讲："我们以前没能为你们清晰地勾画惠普的未来……这正是我们想要兑现给你们的承诺。"

反观郭士纳，他入主IBM的风格则完全不同，他第一次在公开场合谈到IBM的时候说道："IBM眼下最不需要的就是对未来的憧憬。"郭士纳这么说并不意味着IBM不应该有愿景，而是意味着他有更重要的具体事务需要处理，包括确保关键岗位能有精英人选担任（"这是我接下来几周内优先要解决的问题"），提高公司的赢利能力，改善现金流，最重要的是在一切业务活动中都要重新回归以客户为中心的出发点。郭士纳采取了一种不紧不慢的漫步者姿态，分析了大量的数据材料，力争使IBM在现有的基础上更上一层楼。他花了近3个月时间彻底摸清了IBM的家底。他告诉《财富》杂志的编辑戴维·柯克帕特里克说："任何人想要在30天之内给这么大的一家企业设计出行进路线图，简直就是天方夜谭。此外，我还想给你们的读者泼一盆冷水，IBM新任管理层也没有类似的想法，这种所谓的路线图根本不会出现。"

在郭士纳掌舵IBM 100天之后，《今日美国》在头版发表了一篇文章，文中指出在郭士纳入主IBM之后，公司的股价已经下跌了6%，引述一位挑剔的分析师的说法，那是因为"他什么都没有做"。另一位批评人士则说："显然，他不具备妙手回春的能力。"当有人问起郭士纳在IBM是否有危机感的时候，他言简意赅答道："我没有一点儿危机感。我心中有一种紧迫感，不论我们表现优异还是糟糕，这种感觉一直都没有改变过……但是这绝不意味着我认为这家公司处于危机之中。”

郭士纳首先有条不紊地为公司寻找正确的人，然后逐步加深对IBM实际情况的了解，之后才考虑给公司设定一个远景目标和战略。这种做法和卡莉·菲奥莉娜截然相反。在惠普公司任命卡莉·菲奥莉娜为首席执行官之后的第二天，《商业周刊》就对她进行了专访，卡莉·菲奥莉娜悉数列出了工作重点，其中她的首要任务就是给作为一家互联网公司的惠普设定一个远景目标，通过这个远景目标将公司多种产品整合在一起。卡莉·菲奥莉娜在自传《勇敢抉择》[①]中写道：“我受命来到惠普，总有一种时不我待的紧迫感。我匆忙地追赶……”郭士纳和卡莉·菲奥莉娜两人在经营业绩这一最重要问题上的态度也是泾渭分明。在郭士纳的任期内，IBM的销售赢利在逐渐改善，他任职第一年全年的赢利为5%，到他在“蓝色巨人”任职的最后一年赢利达到了9%。与此相反，惠普公司的销售赢利走势则显现出了离奇的路径，卡莉·菲奥莉娜任职第一年全年赢利为7%，2002年变为负值（当年也是惠普上市45年来第一次出现亏损，其中的一个重要原因是由于重组和收购所需的大量费用），到她任职的最后一年赢利为4%。

卡莉·菲奥莉娜于2005年2月7日结束任期，这一天惠普的董

① 《勇敢抉择》一书中文版已由中信出版社出版。——编者注

事会在芝加哥机场召开了一次特殊的董事会。在让卡莉·菲奥莉娜进行了简短的介绍之后，董事会让她先行回避，卡莉·菲奥莉娜只好在酒店的房间焦急地等候，3个小时后，卡莉·菲奥莉娜才被叫回会议室。卡莉·菲奥莉娜后来在书中写道："当我回到会议室的时候，发现除了两个董事之外，其他人都已经走了，我就意识到自己已经被解雇了。"

四处寻找灵丹妙药

卡莉·菲奥莉娜从惠普黯然离去，其实我们不能把惠普的衰败归咎于她。实际上，卡莉·菲奥莉娜正是当年惠普董事会要寻找的具有领袖魅力、富有远见的领导，她身上具有变革公司所需要的领导魄力和激情。从这个角度来看，请来卡莉·菲奥莉娜是一个成功的选择，事实证明这确实是一个绝佳的选择。惠普之所以会陷入衰落第四阶段的泥沼，并不是因为惠普在面临互联网经济时反应迟缓，也不是因为没有能够达到华尔街的预期，而是因为惠普的董事会在面临衰落时反应滞后且应对不当。

一个企业陷入衰落的第四阶段，往往开始于四处寻找灵丹妙药。这种灵丹妙药会有各种各样的表现形式，例如在某些没有经过实践验证的科技上投入过大，把希望寄托在某些不知是否可行的战略上，把成功的赌注全都压在某个有噱头的新产品上，尝试能改变“竞争版图”的并购，下大赌注去改变企业形象，聘请那些许诺能提供拯救方案的顾问，寻找一个救世主般的首席执行官，口口声声地说“改革”方略，到了病入膏肓的晚期就听任他人的金钱拯救或收购。问题的关键在于，这些企业都在忙碌地寻找复苏的捷径，而不是循序渐进、艰苦卓绝地帮助企业重新积累长期复苏的动能。惠普的董事会在谈到2002年斥资240亿美元收购康柏电脑公司的时候，表现出了明显的衰落第四阶段的症状，惠普董事会的措辞表现出了“所有问题都能一蹴而就”的态度，他们使用了“提升价值最好、最快的手段……”“通过此次战役，我们大幅提高了……”“我们很快就能将……翻番”“这使得我们解决了……”“通过这一战略举措……”“使得惠普会加速……”“将让产业发生翻天覆地的变化……”等措辞。在下面的这张表中，我们将贯穿衰落第四阶段的表现和能帮助我们扭转乾坤的表现进行了一番对比。

贯穿衰落第四阶段的表现	能帮助我们扭转乾坤的表现
把希望寄托在不知可否的战略上，误打误撞地采用新科技、进入新市场、开展新业务，而且往往大张旗鼓、虚张声势	根据具有实证性的证据和量化分析来制定战略革新步骤，而非冒失地采取未加验证的做法

（续）

贯穿衰落第四阶段的表现	能帮助我们扭转乾坤的表现
尝试能改变“竞争版图”的并购（往往是基于一相情愿而非经过事实检验的“协同效应”），力图通过一蹴而就的方法将公司改头换面	深谙将两家在困境中挣扎的企业合并绝不能造就一家伟大的企业；只会去考虑那些能将公司既有优势发挥得更明显的战略并购
面对威胁时采取孤注一掷的做法，以至于使公司陷入更危险的境地，并占用了公司更多的资金，增加了公司的财务风险	全面了解现状，努力思索，再坚定不移地采取行动（或者以静制动），绝不采取那些对公司长远发展有害的行动
急躁冒进地推进变革，用近乎发动革命的方式改变公司的每个方面，这也威胁到了公司，甚至使公司放弃了核心优势	清楚地了解公司的核心价值和需要长期坚守的优势，在现有优势的基础之上前进，并逐渐消除自身缺陷
表现糟糕，却给员工开出美好未来的空头支票	关注公司的业绩，通过实实在在的成绩让员工看到前进的方向
由于经常重组或者没有采取使公司得以持续发展的重大决策，公司前进的攻势受到破坏	通过一系列良好的决策创造前进动能，具有极佳的执行力，这些决策之间还具有很好的连贯性
寻找救世主，偏执地想要从公司外部寻找一位力挽狂澜的领导者，寄希望于这个领导者能带领公司重振雄风	致力于寻找政令严明的领导者，倾向于从公司内部提拔功绩显著的高管

我们在研究中发现，几乎所有陷入衰落后期的公司都至少寻找过一种以上的灵丹妙药。例如，电路城让来自百思买的一位高管取代了内部成长起来的退休首席执行官，而这位空降高管的任期只有短短的一年半而已。电路城解聘了3 000名经验丰富的高薪酬分店雇员。不到两年，电路城被迫找来了高盛公司担任战略顾问，寄希望于成功的并购，以求力挽狂澜，最终有兴趣的买家百视达公司也放弃了。没过多久，电路城就申请破产保护了。斯考特纸业公司斥巨资聘请了战略顾问，在公司内部掀起了企业文化变革，《财富》杂志将其描述为“要么就信奉这种新理念，要么就走人”。埃姆斯百货公司走马灯似的聘请新首席执行官，最频繁的时候竟然在短短33个月之中调换了3次高管层。这些新上任的管理层不停地制定新战略，上马新项目，寻找突破性变革……在新对手的强烈攻势下失去昔日光环后，大西洋-太平洋茶叶公司在旗下的4 000家门店都推出了“经济实惠之源”的战略，采用降价的方式迫切地想要重新夺回市场份额，一位行业分析人士将这种做法称为“神风特攻队攻略”。事实证明，这种做法极大地影响了大西洋-太平洋茶叶公司的赢利能力。之后，大西洋-太平洋茶叶公司放弃了这一战略，从公司外部挖来了一位救世主，这个救世主帮助公司暂时恢复了赢利，但当公司陷入亏损之后又遭到解雇。

公司在深陷衰落第四阶段时会努力寻找救命稻草，但是效果并不能持久。希望会接二连三地破灭。此时的公司会尝试各式各样的新方案、新动向、新战略、新愿景、新企业文化、新价值观、新突破、新收购和新救世主。如果某一灵丹妙药不奏效了，他们还会继续去寻找下一个……平庸的标志并不是不愿意变革，而是持续的不稳定表现。

你可能会想“公司在非常之时，应当采用非常之道”。身陷险境的公司因为是背水一战，所以也会拼死一搏。但是，刚刚陷入衰落第四阶段的公司，往往不会觉得自己已经处于危险境地了。我们研究的陷入衰落第四阶段的公司，在这一阶段之初会摔一个大跟头，但是并不会一命呜呼。事实上，公司往往会延续这一阶段的行为模式，处境也变得更加不妙，最后更有可能变为一个会采取极端做法的企业。

我们不妨来对比一下摩托罗拉公司和德州仪器公司，这两家原本卓越的公司都栽过跟头，其中一家公司深陷衰落第四阶段的泥沼，而另一家公司则没有。1998年，摩托罗拉在公司50多年的历史上第一次出现亏损。公司的高管聚在会议室里，在一块白板上写下各种能帮助公司突围解困的方法。摩托罗拉的高管决定采取激进的对策，《商业周刊》将其描述为“休克疗法”。摩托罗拉耗资170亿美元收购了通用仪器公司（General Instruments Corporation），这一金额相当于摩托罗拉当时的总市值。摩托罗拉在网络泡沫破灭之前，冒失地去追赶互联网和宽带的时髦趋势，推出了一项名为“智慧演绎、无处不在”的商业战略。起初，这些举措看似都奏效了，因为摩托罗拉的总市值增长了两倍多。可是好景不长，互联网和宽带经济的泡沫随之破灭，摩托罗拉在公司2001年的年报里承认：“和其他公司一样，我们也在2000年不合时宜地追逐网络和电信的风潮。”摩托罗拉于2001年在全球建立起了一个高达450亿美元的生产和成本控制体系，不过2001年公司的营业收入锐减到300亿美元，公司陷入了连连亏损的境地。到了2003年年底，摩托罗拉董事会聘请了有史以来第一位从外部选来的领袖，从太阳微系统公司请来了知名经理人爱德 · 詹德（Ed Zander）。受意见不统一的股东的排挤，爱德 · 詹德在4年后辞职。

德州仪器公司比摩托罗拉要成功得多，它的做法和摩托罗拉完全不同。德州仪器公司是20世纪中叶的明星科技企业，不过在20世纪七八十年代，误入亏本的电子手表和家用电脑行业。德州仪器公司在1985年请来了杰里 · 约肯斯（Jerry Junkins），一位记者把没有架子、意志坚定的杰里 · 约肯斯称为“来自得克萨斯州的吉米 · 斯图尔特”。杰里 · 约肯斯在德州仪器公司工作超过25年之后，低调地接任了首席执行官的职务。他领导德州仪器公司通过广开言路重新踏上卓越之路，并集中注意力在那些能做到最好的业务之上，最后成就了公司在数字信号处理业务方面的辉煌，我们在之前的第三阶段中已经对此进行了讨论。

德州仪器公司的高管明白，重塑一个卓越的企业，需要持续不断地延续明智、执行有力的举措。有些决策比其他决策更重要，不过即便是最重大的决定也只能是造就卓越企业中的一小部分因素。大多数看似“一夜成名的企业”其实都有20年左右的奋斗历程。

1996年5月29日，杰里·约肯斯在去欧洲出差的路上因为心脏病发去世。大家爱戴的首席执行官突然离世，本来会让公司陷入混乱，不过当时负责公司半导体业务的汤姆·安吉伯已经作好了接任首席执行官一职的准备。汤姆·安吉伯在德州仪器公司已经摸爬滚打了20年，他也成了继杰里·约肯斯之后，另一位低调谦逊、努力勤奋的首席执行官。当有人想要概括汤姆·安吉伯的管理风格时，他告诫：“我希望你们要写的故事主要是关注德州仪器公司的，而不是大篇幅地写我。”爱丽萨·威廉姆斯在《财富》杂志的一篇文章中写道：“德州仪器公司的成功和汤姆·安吉伯的个人领导魅力无关。汤姆·安吉伯的性格就像他出生长大的中西部平原一样乏善可陈。”汤姆·安吉伯在自己任期结束时，实现了平稳的权力交接，继任者也是在德州仪器公司中成长起来的高管理查德·坦普敦(Richard Templeton)，理查德·坦普敦在德州仪器公司已经效力了整整24年。当摩托罗拉正处于从优秀到更糟糕的衰落阶段时，德州仪器公司默默无闻、意志坚定的领导者进行了一场类似教科书变革的权力过渡，股价的表现比摩托罗拉要强5倍，这一表现可与英特尔公司1995~2005年的股价表现相媲美。

我们的多项研究（《基业长青》、《从优秀到卓越》和本书，以及我们正在进行的关于如何在动荡环境中制胜的研究）表明，打造伟大公司和从外部寻找首席执行官之间存在着明显的负相关性。我们研究的11家企业中有8家在陷于衰落的时候通过聘请外来的首席执行官来解决问题；而在进行对照分析的成功企业中，只有一家企业从外部聘请了首席执行官。读到这里你可能会想："陷入困境的公司难道不应该向外部求援吗？"这或许没错，但是请牢记，在对公司衰落路径进行研究的过程中我们发现，"外来的空降兵"往往更容易把情况搞砸。我们之前的研究发现，在率领公司从优秀走向卓越的首席执行官中，超过九成都来自公司内部。与此形成鲜明对照的是，2/3的从外部聘请首席执行官的公司都没有让公司实现腾飞。

那么IBM的成功案例又该怎样解释呢？尽管IBM从RJR食品烟草公司挖来了郭士纳这位卓越的首席执行官，不过IBM当时已经有了复苏的势头（关于IBM复苏的叙述，详见附录6）。显然，来自公司外部的高管也能帮助公司扭转乾坤、重新走上卓越之路。那么，IBM的例子和其他公司的例子又有什么不同之处呢？其中重要的一个原因在于，郭士纳重新回到了打造卓越公司所需要的充满激情、有条不紊、坚持以往的道路上来。郭士纳明白，不论你是来自公司外部还是来自内部，要想帮助公司书写辉煌，就必须要让公司停止一再寻找救命稻草的做法。这种希望刚破灭就去寻找新希望的心态往往使希望再次破灭。如果一家陷入困境的企业去请“外来的空降兵”，它往往显示出了他们内心的恐惧：“救命啊！我们需要一个能掀起狂风暴雨的变革急先锋来改变一切，而且要快！”如果公司的领导者相信这一点的话，那么他则会深陷衰落第四阶段，而不能力挽狂澜。郭士纳的过人之处在于，他知道不论是来自公司内部或外部的领袖，都要能够摆脱这一魔咒，这是一个残酷而重要的教训。

衰退产生恐惧情绪

我14岁练习攀岩时学习了绕绳下降的技巧，当自己从100英尺高的陡直岩壁上往下看的时候，我吓得魂飞魄散。倏然间，起锚设备滑落了，我本能地就去抓悬挂支架的边缘，结果握着下降器的那只手却松开了（那只手紧握绕绳安全扣，从而确保自己能安全地下降）。这种出于害怕和“自我保护”的做法反而加大了我的风险系数。幸运的是，我的教练用安全绳将我拉住，这一几乎让我付出生命代价的教训让我铭记终生。

当我们发现自己有麻烦时，当我们发现自己就处在悬崖的边缘时，我们求生的本能和心中的恐惧会让我们为了活下去做出效果适得其反的举动。当我们需要冷静下来采取行动的时候，我们往往会冒险造成自己最不愿意看到的危险局面。

在回顾陷入衰落境地的公司情形时，我很惊讶地发现那条规律又应验了：因为忙中出错，处于衰落第四阶段后期的公司会加速自己帝国灭亡的速度。诚然，这些公司的领导者事后会宣称："看看我们做的一切。我们已经改变了一切，我们已经竭尽全力。我们已经无所不用了，但还是失败了。你们不能怪我们没有尽力。"但是，这些领导者没有意识到，要将陷于衰落最后阶段的公司挽救出来，领导者需要头脑冷静、目标清晰地采取应对之策（就像IBM的郭士纳一样）。如果你想逆转颓势，对什么不应该做一定要心知肚明、令行禁止。20世纪90年代初期，我在斯坦福商学院研究生院教课，曾邀请了一位曾在海军陆战队担任军官的企业家到课上讲授创造力。这位军官曾在越南战争期间多次参加丛林游击战。当被问及从战争中学到的经验对他办企业有何帮助时，他思忖片刻回答道："如果你手下只有为数不多的几个兵，而四周都有敌兵，你最好应该告诉自己下属：'你带这支小分队从这儿绕到那儿，你带那支小分队从这儿绕到那儿，不要用机关枪，每次开一枪消灭一个敌人。'"

深吸一口气，冷静下来，细细想一想，集中力量，瞄准目标，每次开枪消灭一个敌人。否则，你就会遭遇与信件和文件复印机公司类似的灾难，这家公司曾经是办公信件和复印领域的佼佼者。1945年初投资的每10 000美元到了1960年都升值为500 000美元。1965年，施乐公司推出了大为成功的2400型复印机，这对信件和文件复印机公司的复印机市场造成了巨大冲击。在惊慌失措中，信件和文件复印机公司匆匆忙忙地推出应对之策，在3年之内推出了23款新产品。但是，公司的财务状况却出现了大麻烦，应收账款回收速度放慢，最后应收却未收回的账款达到7 000万美元，23款新产品中有16款都惨遭淘汰。

当信件和文件复印机公司的利润在20世纪70年代早期下滑并出现亏损后，公司董事会迫不及待地从外面请来了一位锐意进取的首席执行官。这位雄心勃勃的"干将"，立即在公司掀起了改革大潮，重塑公司形象，彻底改变了公司的精神风貌。在这位"干将"看来，公司就像"在湖泊中不停打旋的一叶扁舟，而湖泊正在慢慢干涸，在这种情形下，公司要尽可能地在最短的时间内采取暴风骤雨般的变革。"这位首席执行官大胆地"和过去的羁绊告别"，采取了自救策略，用文字处理和电子办公机器来开拓"未来办公室"市场。但是，这一自救策略并没有达到预期的效果，这位锐意进取的首席执行官也不得不面对公司董事会的责难，他花了整整3个小时引述了大量数据和业绩来捍卫自己的领导地位。在听完他热情洋溢的演讲之后，一名董事提议让他辞职。10个月之后，也就是在1981年，信件和文件复印机公司出现了历史上第一次年度亏损，几乎将公司半个世纪积累的财富净值亏损一空。

你可能会想，信件和文件复印机公司的案例真是老生常谈。面对施乐公司的新技术，信件和文件复印机公司的机械复印机就显得过时了，世界已经将它甩在了身后。

从一方面来看，你的判断是对的，信件和文件复印机公司老套的产品在新技术的冲击下确实落伍了。然而，信件和文件复印机公司的胶印复印机依然还具有核心竞争力。我写作这一章节的时候是在2008年，离施乐公司推出复印业务已经过去了差不多半个世纪，胶印复印机依然是大批量和高质量复印工作的首选。信件和文件复印机公司本应离开现代办公室的环境（施乐公司在小印量的办公环境中取得了领先优势），但它在20世纪70年代早期已经进军了商业印刷领域。信件和文件复印机公司仓皇应对，结果忽略了胶印复印机的发展，后来再也没能重拾这一业务领域内的优势。就像前文中提过的在慌乱中松开下降器的攀岩者一样，信件和文件复印机公司的仓皇之举也差点儿让企业滚下悬崖。

这些公司在慌乱中放弃一个战略，又选择另一个新战略；在美国把总部从一个城市迁到一个新城市，再迁到第三个新城市（从克利夫兰迁到洛杉矶，再迁到芝加哥）；不到10年的光景中，信件和文件复印机公司就换了4位首席执行官，经历了两次破产的困局。

其中有一位首席执行官走得是那么匆忙草率，一位员工描述说“这就像一个脑部动手术的病人在手术台上辞世般仓促”。

20世纪90年代后期，信件和文件复印机公司的员工已从30 000人缩减到了仅有几百人。1980年投入公司的每1美元到当时已经不足5美分了。多年来关注该公司的一位分析人士总结说：“这就像得了绝症的人一样。我看着他逐渐萎缩至死，真是令人扼腕叹息。”信件和文件复印机公司在衰落的第四阶段越陷越深，最后一头扎入“被人遗忘或濒临灭亡”的第五阶段。

衰落第四阶段主要症状

· **四处搜寻灵丹妙药**：公司倾向于以一种断断续续的方式，来实现剧烈的、大的变革，例如进行能改变“竞争版图”的并购，尝试不可持续的新战略或创新，试图酝酿暴风雨般的突破。如果成效不明显的话，还会一而再、再而三地继续尝试，一个项目不成再做另一个项目，一个目标实现不了再定下一个目标，一个战略不成功再定下一个战略。

· **寻找救世主般的领导者**：面对风险和困难，董事会采取的办法是从公司外部找来富有领导魅力的救世主。

· **仓皇失措**：企业的领导者做不到从容冷静、深思熟虑、有条不紊，而是匆忙且近乎慌乱地处理事情。

· **激进的变革**：在新时代里，“改革”和“激进的”变革成了主旋律，公司层出不穷地推出了一系列新项目、新企业文化、新战略……公司的领导者将注意力放在面子工程上，将大量的精力放在“激励”员工上，提出了很多不切实际的口号。

· **不切实际、轻视实效**：公司的领导者没有降低自己的预期，没有充分意识到转型期的艰难，而是设定了高不可攀的目标，用“展望未来”的方式来掩盖目前业绩不佳的局面，造成一种言辞浮夸而表现不佳的风气。

· **昙花一现后的失落：**最开始的时候，公司突然会有爆发式的业绩增长，但是好景不长；希望接二连三地破灭；企业并没有积累起前进的动能。

· **目标不清、愤世嫉俗：**公司的员工并不能清楚地说明企业的目标，核心价值观也退化成了无可轻重的辞藻，公司只是变成了另一个“赚钱的地方”；员工失去了超越同侪的信念。员工本来应该笃信公司的核心价值观和目标，但员工逐渐对此失去了信心，将公司的愿景和价值观仅仅视为公关的说辞而已。

· **频繁地进行结构重组、财务状况恶化：**每个失败的策略都会消耗公司的财力物力，公司的现金流和财务流动性恶化，公司频繁地进行重组，从而导致公司的退路越来越窄，战略决策也越来越受环境的制约。

HOW THE MIGHTY FALL

05

企业衰落第五阶段　被人遗忘或濒临灭亡

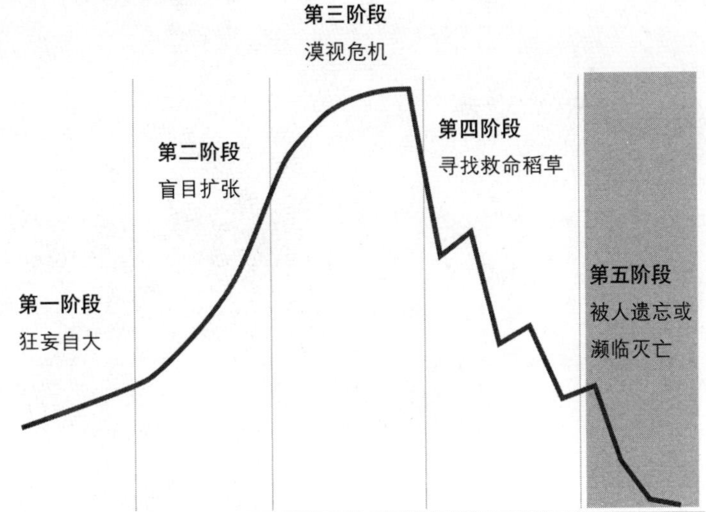

到了研究影响式微的公司的最后几个衰落阶段时，我们审视了曾经不可一世的公司是如何倒下的，而我也一直在回忆比尔·拉齐尔教授是如何在斯坦福商学院研究生院开始上课的。他走进教室，然后冷不丁儿地向学生发问。

“解决公司问题的关键是什么？”比尔·拉齐尔教授急问道。

曾在大企业、咨询公司、投行工作过的同学给出了“它们的战略选择”、“明辨它们的价值链”、“打造品牌”，或是其他听起来很睿智的MBA式答案。

对这些空洞无物的漂亮辞藻感到不满，比尔·拉齐尔教授在教室里踱来踱去，说道：“不对！继续想！”

最后，有一个同学大胆地说：“我不知道这是不是教授要的答案，如果公司下周都发不出工资来，该怎么办呢？公司没有现金可万万不行啊。”

比尔·拉齐尔教授不再继续踱步了，走到擦得很干净的黑板前，写下两个大字“**现金**”。

“你永远都不要忘了，” 比尔 · 拉齐尔教授说道，“你付账单是需要用现金的，否则你就没法赢利，最后只能破产了。”

你就没法赢利，最后只能破产了。这个想法竟然没有在一个在大公司工作过的同学的脑海中出现过。按照企业家的说法，公司的领导者就是要得到足够多的现金来自足。然而，随着公司的规模越来越大、实力越来越强，领导者对于现金的忧虑慢慢消失了。成功的企业领袖每天为赢利担心，但公司并不会因为没有赢利而倒下，而是会因为没有现金而倒下。

当我2008年年底正在修改这一章节的时候，我读到了让我触目惊心的一则新闻：象征着美国企业鼎盛实力的通用汽车公司正在申请政府救助。因为缺少现金流，通用汽车公司正处在衰落第四阶段的深渊。即便是对于全球曾经最大的企业而言，比尔 · 拉齐尔教授的忠告依然是言之凿凿——企业付账单可是要拿出真金白银的。

当某个企业一头扎向衰落的第五阶段，它会像失去重心的陀螺，越来越难以控制。企业陷入泥沼之后，会奋力想要摆脱出来，但越是使劲反而会越陷越深，消耗掉自己的很多力气。在这一过程中，企业的现金流变得更加紧张，希望变得更加渺茫，出路也变得越来越窄。

在企业陷入衰落第五阶段时，我们能见到两种不同的表现：一种企业的领导者认为缴械投降比负隅顽抗要更加明智；一种企业的领导者则会继续坚持战斗，但是他们也变得越来越力不从心，企业或者马上就陷入消亡，或者逐渐失去荣光、萎缩至被人遗忘的境地。我们来看两个公司的例子，一家公司选择了缴械投降和待价而沽；而另一家公司则选择了继续战斗，不过最后还是以破产而告终。

缴械投降

到了20世纪80年代后期，斯考特纸业公司已经比宝洁公司、金佰利–克拉克公司落下了一大截。面对被迫无奈的处境，斯考特纸业公司只能举债最后一搏，希望能够迎头赶上。公司1994年的债务与资产比率比1985年上升了175%。因为受到资金面的压力影响，公司只得反复进行重组和缩减开支：1990年重组成本为1.67亿美元，1991年为2.49亿美元，1994年初又是4.9亿美元。斯考特纸业公司的债务评级离垃圾级只有一步之遥了。正是在这时，公司的董事会请来了兰博 · 艾尔 · 邓勒普（Rambo Al Dunlap）。

当分析师凯瑟琳 · 迈克奥里1994年得知艾尔 · 邓勒普接任了斯考特纸业公司首席执行官一职后，她迅速查阅了艾尔 · 邓勒普的背景，之后说道："我告诉自己，斯考特纸业公司的董事会已经把公司给卖了。"艾尔·邓勒普得了一个并不中听的绰号"细纹西服哥兰博"，尤其是他某次拍摄了一张照片之后。在这张照片中，艾尔·邓勒普眼下涂成了黑色，一手拿着一把看似很像真枪的机关枪，穿着一件考究的衬衣，扎着一个狮子纹的领结。艾尔·邓勒普砍掉了斯考特纸业公司里11 000个岗位，包括71%的管理层。因为公司节省开支的做法几近极致，公司的赢利状况也迅速转好。艾尔·邓勒普抓住这一时机，将原来不可一世的斯考特纸业公司卖给了竞争对手金佰利-克拉克公司。

如果你稍加留意的话，你就会发现职业经理人艾尔·邓勒普是怎样在不到两年内赚到8位数薪酬的。为了证明自己拿的高薪理所应当，他写道："我是自己所在领域中的超级巨星，就好比是篮球场上的迈克尔·乔丹、摇滚界的布鲁斯·斯普林斯汀。因此我的薪酬应该要向其他领域里的超级巨星看齐，而非仅仅同其他普通的首席执行官比肩。"尽管艾尔·邓勒普心高气傲，但他只是历经斯考特纸业缴械投降过程中的一个过客，而不能扛起斯考特纸业振兴的大旗。如果斯考特纸业不是在衰落的第一、第二、第三、第四阶段中越陷越深，财务状况也不会江河日下，公司也不会请艾尔·邓勒普以孤注一掷的方式来挽救公司了。

在我们研究的公司里，并没有哪家公司注定是要一头栽进衰落第五阶段的，它们都可以在日渐衰微的路上扭转颓势。不过，当公司在衰落的第一、第二、第三、第四阶段越陷越深的过程中，公司的领导者也变得垂头丧气了，最后也放弃了希望。如果你放弃了希望，那么也就无异于等着被淘汰出局。

然而，仅靠拥有希望还是不够的，你需要有足够多的资源继续支撑你的战斗。如果你丧失了实施战略决策的能力，只能采用短视而有害的方法，那么公司全面复苏的可能性也就越来越渺茫了。在美国最成功的商业巨头真力时让人扼腕叹息的衰落轨迹中，我们也看到了这一点。

积重难返

真力时的崛起要追溯到20世纪前半叶了，当时公司性格乖戾的掌舵者尤因·麦克唐纳德将公司打造成了美国广播和电视领域里的翘楚。1945年6月刊的《财富》杂志登出一个大幅通栏标题“真力时的麦克唐纳德将军”，整版的大幅照片中尽是麦克唐纳德环球旅行带回来的各种物品，包括航海用的闹钟、爱斯基摩的古董甚至还有一只喂得饱饱的宠物——企鹅。这篇文章介绍了麦克唐纳德的各种传奇经历，包括在加勒比海钓鱼，戴着一位欧洲伯爵送给他的棒球帽驾着游艇出海，和爱斯基摩人一起划皮船，在太平洋上体验当海盗的快乐，在古墓中观察古人的尸骨。他还准备驾驶滑翔机，运营他在墨西哥的金矿，大声地给他的孩子朗读《国家地理》杂志。极富远见、充满激情的尤因·麦克唐纳德将自己的才智用到了商业运营中，在便携式收音机市场中独占鳌头，并在电视业发展初期就让公司进军了这一市场。

在尤因·麦克唐纳德执掌真力时的晚期，公司进入了衰落第一阶段——狂妄自大。公司当时是黑白电视机市场上的最大生产商，1950年初投入真力时1美元，到了1965年升值100多倍，累计投资回报率超过市场平均水平的10倍。当日本厂商在电视机市场上向真力时发起攻击时，真力时完全忽视了日本竞争对手的威胁。在真力时看来，便宜低档的日本货难以向以质量取胜的美国知名品牌发起冲击，真力时的这种骄傲情绪在“质量先于品牌”的公司标语中体现得淋漓尽致。

20世纪60年代末70年代初，公司进入了衰落第二阶段——盲目扩张。真力时超过了美国无线电公司（RCA）成为了最大的彩色电视机生产商，真力时投入巨资扩大产能，将公司的债务与资产比率翻了一番，达到100%。与此同时，真力时也出现了权力过渡不顺畅的局面。麦克唐纳德将权杖交给了一位年近古稀的首席执行官，公司的顾问约瑟夫 · 怀特（Joseph Wright）出任总裁。约瑟夫 · 怀特后来接任首席执行官，可是他选定的接班人比他先离世一步，导致在权力移交上出现没有合适人选的困局。万般无奈之下，真力时只能从福特公司挖来一名高管，此人最后成为真力时的董事长。

真力时就这样陷入了“漠视危机”的第三阶段，责怪他人（把责任推到了日本不妥当的贸易做法、美国经济陷入困局、劳资纠纷、石油危机等问题上），而不是正视自己竞争力日益下滑的现实。因为产能过剩，真力时被迫用低价倾销的方式来夺取市场份额，导致背负的债务更加严重。双重因素最后导致公司的赢利水平降到了30年来的低谷。

真力时在20世纪70年代滑入了“寻找救命稻草”的第四阶段，公司开始盲目地四处出击。真力时的一位高管向《商业周刊》解释道：“如果说我们有应对计划的话，不如说我们什么都要试一试。”真力时仓促地进入录像机、光盘、通过电视拨打的电话机、家庭可视电话、有线电视解码器和个人电脑等产品领域。为了给这么多新产品研发与生产提供资金支持，真力时的债务与资产比率更是上升到了惊人的140%。

真力时的悲剧并没有就此终结。让人感到不可思议的是，因为公司四处寻找救命稻草，误打误撞之后，杰瑞 · 皮尔曼领导的数据系统部虽然只是个新成立的部门，但却给公司开创了新的篇章，几乎使得真力时东山再起。杰瑞 · 皮尔曼才华横溢、思路清晰，毕业于哈佛商学院的他在班上的成绩是排名位于最靠前的2%，《商业周刊》称赞他是“富有远见的商界奇才”。皮尔曼后来成为真力时的首席执行官，并把公司打造成个人电脑业的第二大生产商，堪与IBM相媲美。因为多项富有远见的商业运作，真力时成为了新兴笔记本电脑市场里的佼佼者。1980~1989年，真力时数据系统部的收入增长了30倍，创造了公司一半以上的营业收入和几乎全部的利润。真力时本可以成为像戴尔或者康柏一样成功的电脑企业。

不过，真力时依然保留了它的电视机业务。在多年被人遗忘和多方寻找救命稻草之后，真力时的财务状况也变得越发糟糕，企业手里的现金已经不到当前债务总额的5%了。杰瑞 · 皮尔曼想把公司的电视机业务卖掉，但是因为对收购方开出的价格不满而未果。在此之前，真力时的现金并未用完，那时公司是有机会关停电视机业务，将人力物力转投数据系统部，从而把公司打造成最伟大的电脑企业之一的。然而，一方面真力时的股东们变得恼羞成怒，另一方面公司欠着5亿美元的债务，现金流变得越来越少。杰瑞 · 皮尔曼发现自己陷入捉襟见肘的境地。1989年9月29日，皮尔曼和布尔电脑公司的首席执行官弗兰西斯 · 劳伦兹（Francis Lorentz）在巴黎的一家餐厅见面，两人达成了协议，真力时将电脑业务出售给布尔电脑公司。弗兰西斯 · 劳伦兹后来评价说，杰瑞 · 皮尔曼当时看起来一副“解脱”的表情。值得称赞的是，杰瑞 · 皮尔曼在将公司的电脑主营业务卖掉之后，他努力想要重振公司的雄风，但电视机业务一直在拖公司的后腿，造成公司连年亏损。到了1995年，杰瑞·皮尔曼倒台了。

你可能会由此认为，一个公司之所以会坠入谷底，是因为公司的领导者作出了愚蠢至极的决定。但通过真力时的案例我们可以发现，如果在衰落前四阶段积累起的负面效应冲击了公司的现金流状况，那么即便是最英明能干的领导者也难以扭转危局。在杰瑞·皮尔曼之后，真力时在短短10年间又更换了5位首席执行官，但最后还是陷入了破产的境地。重组后的公司，员工不足400人，比1988年的36 000人少了整整98%。真力时原本是20世纪中叶美国商界的成功传奇，最后却风光不再了。

鸵鸟心态

并非所有的公司都有能力做到基业长青。从社会的福祉考虑，与其让已经不再卓越的公司用平庸的表现继续耗损股东们的资源，还不如让它们尽早消亡。在资源稀缺的世界上，一个企业自我陶醉、自我存续的努力并不一定是合理的，企业的平庸应当被消除或是被转化为优异的绩效。

公司到底什么时候应该继续努力呢？什么时候公司放弃努力无

异于一种鸵鸟心态呢？斯考特纸业公司如果尽早投降，而非缓慢地消耗资源导致最后陷入对威胁视而不见的境地，这种做法是否才是明智的选择呢？或许当真力时在债台高筑之前就将自己出让给愿意接手的买家，公司的局面也许会更好些。对于"如果世上没有我们会有什么损失吗"这个问题，如果没有人能给出一个令人信服的答案，那么缴械投降或许是上策。但是，如果你拥有建立在公司核心价值观之上的清晰的、强大的目标，那么正义之道应该是继续血战，以期扭转乾坤并重塑伟业。

斗争的目的并不是为了苟延残喘，而是要在世上打造一个与众不同的企业。这家企业一旦从世上消失，就会给这个世界带来不可弥补的缺憾。但要做到这一点，则需要意念坚定、坚忍克己的领导者战胜艰险磨难，翻越前进路上看似不可逾越的险峰。正是这种领导者才可以带给我们坚定的希望。我们接下来讨论的也是这种类型的领导者。

HOW THE MIGHTY FALL

06

坚定的希望

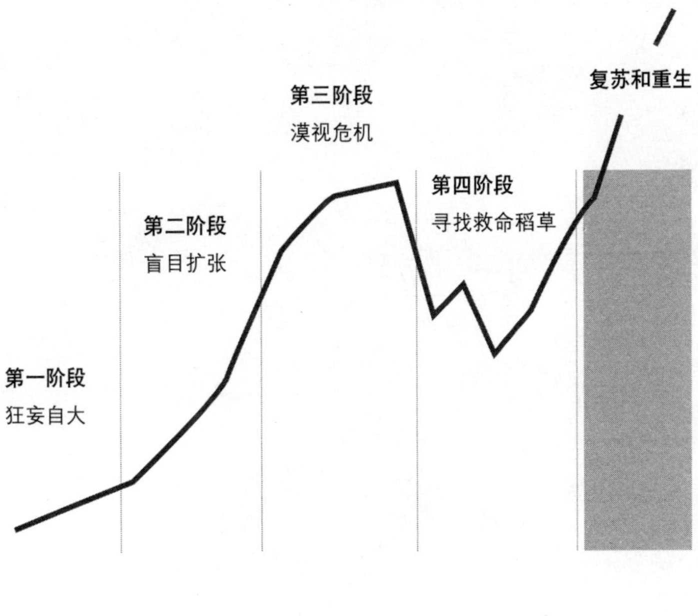

安妮·穆尔卡西（Anne Mulcahy）2001年成为施乐公司的首席执行官，当时的施乐公司已经陷入衰落第四阶段的泥潭了。因为背负着2.73亿美元的巨亏，在短短两年内，施乐公司的股价急挫了92%之多，总市值蒸发了380亿美元。因为公司的债务与资产比率高达900%，穆迪将施乐公司的评级降至垃圾级。美国证券交易委员会（SEC）开始查施乐公司的账，这就意味着施乐公司没法再登记进行证券融资了。施乐公司的负债高达190亿美元，而公司所拥有的现金只有1亿美元，安妮·穆尔卡西形容这种局势极其危险。在穆尔卡西掌舵施乐公司之前，公司试图在数字时代再塑辉煌，从IBM挖来了明星高管理查德·汤曼(Richard Thoman)。理查德·汤曼曾和郭士纳在一起并肩作战，他来施乐公司是接保罗·欧雷尔(Paul Allaire)的首席执行官一职，保罗·欧雷尔则退居二线担任董事长。理查德·汤曼义正词严地向外界宣告："我们正在寻找变革急先锋。”不过让人感到虎头蛇尾的是，仅仅过了13个月，理查德·汤曼就黯然辞职了。

2000年5月，当穆尔卡西刚打完包要去东京出差时，她接到了保罗·欧雷尔的电话，让她马上到他的办公室见面。“咱们就这么定吧，”保罗·欧雷尔说道，“理查德·汤曼刚刚离职，又把我推出来重新担任首席执行官。我想由你来担任总裁和首席运营官。一年之后，如果一切顺利的话，你将成为公司的首席执行官。”

穆尔卡西之前从来都没有想过会成为首席执行官，她认为自己的擢升完全是意料之外的事。“公司的董事们可能往椅子上一靠，双手一摊地说道：‘我们难道还有什么别的对策吗？’因此，我认为这一任命算不上是众望所归。’”穆尔卡西后来告诉作家凯文·曼雷说：“这或许是他们的最后一招吧。”穆尔卡西对施乐公司的事算得上如数家珍了，她在公司的销售部和人力资源部工作了将近25年，从来都没有引起过外界的关注，在担任施乐公司的总裁之前，她也从来没能登上过《财富》杂志“商界最有影响力女性排行榜”的前50名。

如果穆尔卡西执意要推翻公司原来的企业文化，大刀阔斧地引入新企业文化，那么施乐公司恐怕也难逃衰落第四阶段的厄运。然而，对于那些指出要变革公司企业文化的人，穆尔卡西回应说：“我就代表着公司文化。如果我都不知道如何在前进的路上体现公司文化，那么我就算不上是一个正确的首席执行官人选。”对于穆尔卡西而言，她担心的都是施乐公司，而不是她自己。当《新闻周刊》打电话给穆尔卡西要求采访她，请她谈谈她的管理风格时，她拒绝了。在穆尔卡西担任首席执行官头3年里，我们只找到与她有关的4篇特写报道。对于一位接过《财富》500强公司权杖的女高管而言，这样的曝光率是非常低的。

一些观察人士质疑这位全身都是施乐公司DNA的首席执行官是否具备力挽狂澜的锐气。其实他们根本用不着担心，他们只需首先读一读穆尔卡西最喜欢的书——卡洛琳·雅丽珊德所著的《极地》，就能找到答案。书中记载了1916年当欧内斯特·沙克尔顿率领探险队排除万难远涉南极圈探险，不幸探险船撞上了坚冰而搁浅的事。欧内斯特·沙克尔顿在5位船员的陪同下，驾乘一艘22英尺的救生艇，不畏艰险地航行800英里终于得到了援助，救出了困在冰天雪地里的队友。因为深受沙克尔顿的感染，穆尔卡西接任首席执行官之后两年内都没有休过一个周末。她关停了公司的一些业务，包括自己早年开创的喷墨打印机业务，共为公司省下25亿美元的开支。穆尔卡西作出这些决定也并非易事，她事后回忆说："我也不希望一切都变得过于容易。"但这些决定可以帮助公司避开坠落深渊的灾难。在施乐公司历史上最黑暗的日子里，公司面临着破产的严峻挑战，她的顾问曾反复提议她可以申请破产保护，而穆尔卡西一直镇定沉着地应对。她也坚持反对公司外部顾问反复提议的通过缩减研发投入来挽救公司。穆尔卡西指出，一家公司要想重塑卓越，不仅需要严格地缩减开支，也要进行长期投资。因此，即便是在施乐公司最黑暗的日子里，公司研发投入占总销售的比重仍在上升。“在我看来，自己的努力是为了让员工退休之后不用担心日后的生活，为了让员工的孩子都能来这家公司继续工作，为了让员工有朝一日再提起这家公司时还会感到自豪。”

2000年和2001年，施乐公司总计亏损3.67亿美元。而到了2006年年底，施乐公司的利润已经超过了10亿美元，公司的资产负债表也让人看得更加舒心了。2008年，《首席执行官》杂志将穆尔卡西选为年度最佳首席执行官。当我2008年写这本书的时候，施乐公司的强势回归已经延续了7年。当然，这并不能证明施乐公司的业绩会继续提升，但是它目前的表现与世纪之初相比，已有明显的改善。

如果我们回顾一下施乐公司、纽柯公司、德州仪器公司、必能宝公司（Pitney Bowes）、诺思通公司、迪士尼公司、波音公司、惠普公司和默克公司的经历，我们可以从中发现什么共同特点呢？上述每家公司都曾栽过大跟头，然后又都实现了东山再起。有些公司衰落是在创业早期，当时公司规模偏小，经不起风吹浪打；有些公司衰落则是在成为业界巨无霸之后。上述公司出现衰落的时间节点有所不同，但是都有领导者横空出世，这些领导者中止了公司业绩下滑的趋势，他们不仅没有放弃生存的希望，也没有放弃排除万难取得最终胜利的信念。和穆尔卡西一样，这些领导者将衰落看做胜利的催化剂。正如长期负责默克公司生产、后来代替雷·吉马丁成为首席执行官的迪克 · 克拉克所说的那样："危机是不容浪费的机遇。"

如果我们认为企业衰落最开始是一种表象，最终会演化成不可驾驭的局面，如果我们只看到衰落的企业会一落千丈的话，那么我们难免会陷入绝望。这和我们分析所得出的结论相左，只要你不在衰落的前三个阶段中自暴自弃，你就有生还的希望。在一些研究案例中，我们还发现，在深陷衰落第四阶段时，只要你有能力摆脱不断搜寻救命稻草的恶性循环，你依旧有机会扭转乾坤。

如果你并没有陷入衰落的境地，就要避免"为赋新词强说愁"地声称遭遇了危机。我们可以回忆一下郭士纳的哲学：不论处境好坏，也不论面对着威胁还是机遇，正确的领导者总会有一种紧迫感。这样的领导者身上有一种挥之不去的冲动和追求进步的内在动力，他们就像炉膛里烧得火红的煤球一样，不论遭遇怎样的风霜都保持着一颗火热的心。然而，如果无中生有地去杜撰危机的存在，大声尖叫我们已是"热锅上的蚂蚁"，即将葬身火海等，则会给人造成一种虚伪做作的感觉。对的领导者不论是否身处"热锅"之上，都会积极促进绩效的提升，但他们并不会利用危机之辞行操纵他人之实。

不过，倘若你已经陷入了衰落并面对着真实的危机冲击，那么你越快中止搜寻救命稻草的行动越好。企业复苏最重要的路径就是重拾稳健的管理模式和坚定的战略思维。在附录6，我列出了3家公司（IBM，纽柯公司和诺思通公司）衰落和复兴的过程，我也在附录7中列出了这些公司复兴过程中所采用的组织框架。如果你想要重温管理实践方面的经典著作，那么拜读一下彼得·德鲁克、迈克尔·波特、威廉·戴明、汤姆·彼得斯、罗伯特·华特曼等大师的作品是大有裨益的。当然，首先你要能做到“止血”，并确保公司不会出现现金流的局面，不过你也要明白这只是“急救”措施，而非全面复苏的良方。关键在于，不论你如何条分缕析，缺乏管理准则往往和公司衰落是相互关联的，而努力坚守管理准则则和公司的东山再起紧密相关。

讨论了这么多，你可能还会存有疑问，那么又该怎样理解20世纪著名经济学家熊彼特提出的“创造性破坏的永恒风暴”呢？根据熊彼特的看法，技术变革和富有远见的企业家会颠覆旧秩序、建立新秩序。在当今世界，或许所有的社会组织都面临着瞬息万变、势不可当、难以预测的破坏力，很难确保社会组织不会在几年或几十年内全部陷于衰落。面对这个风云变幻的世界，你还敢信誓旦旦地认为自己能避免衰落吗？

在写作本书的过程中，我和同事莫滕·汉森也在进行一个耗时6年的研究课题，探索的是在这个瞬息万变、难以掌控的世界上，企业是如何从毫不起眼的小公司发展为卓越的大公司的，并将这些企业和那些未来在这种环境中取得成功的企业进行对比。你不妨考虑以下这组情景对比：假设你在珠穆朗玛峰下的一个帐营中醒来，暴风雪正肆虐而过，你可以躲在安全的帐营中等待暴风雪过去。但是，如果你是在珠穆朗玛峰27 000英尺高的山坡上醒来，那里的风雪更加狂暴无情，一切都更加难以驾驭，暴风雪简直会要了你的命。我们相信，各行各业都如此，都是高处不胜寒，越往上走，风暴就越猛烈。

这一新的研究也加深了我们对在瞬息万变的世界中取胜之道的认识，我也想在这里和大家分享这项研究的一个初步结论，这和我们研究的公司衰落主题也有着直接的关联。当世界变得难以驾驭时，当外部威胁冲击我们原本确凿无疑的计划时，那么命运还掌握在我们手中吗？抑或我们必须要接受创造性破坏成为宇宙内的主宰，而不管我们多么努力成功都只是昙花一现的事实？我们的研究表明，其实我们是有能力建立一个能应对混乱、破坏、不确定性和巨变并昌盛数十年的企业的。实际上，我们的研究也表明，如果你一直都在坚守卓越之道，那么你应该祈求瞬息万变局势的出现，因为只有在逆境中，你的坚韧斗志才能帮助你成为业界翘楚。不过，切忌：一旦在逆境中衰落，你可能就会开始变得狂妄自大、盲目扩张、漠视危机、寻找救命稻草，那么你的衰落速度将会比和平时代来得更快。2008年，美国最大的几家金融机构在一夜之间就倒闭倾覆，这也证明了一个事实：在瞬息万变的时代，衰落可能如山崩地裂一样，以迅雷不及掩耳之势袭来。

如果你已经陷入了衰落境地，那么你要尽快回归稳健的管理准则上来，而且是当下就要回归。如果你目光坚定，那么对于衰落早期的迹象一定要加以留意。但是，最重要的一点在于我们不能心怀这样的成见，认为盛后必衰且衰败都是由不可控的因素造成的。对照分析（将成功的案例和不成功的案例进行对比，控制尽可能多的变量，从而选出经营环境相近的企业）让我们洞先前未见之明：结果并不只是由外部环境决定的。诚然，你总会有可能遭遇偶发的灾难，生活也不会时时刻刻给予你阳光雨露。或许，你可能是这个世界上身手最为矫健、最英勇顽强的运动员，但你也有可能突然身患重疾或是因为运动损伤而退役。尽管我们谈到了这一点，但是我们想要表述的主要意思依旧很清楚：我们并不会受所处的环境、艰难挫折、过往历史、错误失足或屡遭败绩所困，我们自己的选择能够帮助我们救活这盘棋。

真正卓越和小有成就的企业之间的显著区别在顺风顺水时显现不出来，关键在于遇到挫折或是灾难时，谁有比之前更强劲的上升势头才凸显出来。伟大的国家会日薄西山，也会东山再起。卓越的企业也一样能够在形势式微之后卷土重来。卓越的个人也能够止水重波。只要你没有完全丧失斗志，那么你的未来就总有希望。

面对不可避免的挫折，我们每个人都需要找到心中的明灯来鼓励自己继续前行。我心中的明灯就是重温英国首相温斯顿·丘吉尔当年的经历。20世纪30年代早期，丘吉尔的仕途极为坎坷，传记作家维吉尼亚·卡沃斯称其“陷入无法自拔的沼泽地”。年近60岁的丘吉尔开始发福、脱发，因为大萧条时期英国糟糕的财务状况以及在英国重新采用金本位制而饱受抨击。他因为反对印度自治而和自己所在的保守党决裂，他甚至拒绝同甘地见面。人们一直将他视为第一次世界大战中的悲剧——加利波利战役的倡议者（这次冒失的战役是为了让土耳其在重击之下退出“一战”，并从西南部对德国和奥地利发起攻击），这场战役共造成213 980名英国军官伤亡，但却几乎毫无斩获。尽管达达尼尔海峡战事调查委员会宣告温斯顿·丘吉尔无罪，但他的履历上还是因为这次军事灾难而被抹上了污点。1929年股市大萧条也让丘吉尔损失惨重。1931年12月12日，丘吉尔从纽约市第五大道的路边走向人行道，他按在伦敦的惯例向右观望有没有车开过来，而在美国他应该是向左看才对。就在这时，旁边的过路人只听到“砰”的一声，丘吉尔被一辆时速达30英里的轿车撞出几米远。车祸之后，丘吉尔住进了医院，很久才康复出院，这让他很长一段时期都处于低落中。

在威廉·曼彻斯特所著的《最后的雄狮：丘吉尔》（*The Last Lion*）第一卷的结尾部分，作者描述了1932年年底丘吉尔的地位。英国议员阿斯特子爵夫人和约瑟夫·斯大林会晤，会谈间斯大林问她对英国政坛走向的看法。阿斯特子爵夫人滔滔不绝地介绍起英国政坛的当权者和政治新贵，并把内维尔·张伯伦称为英国政坛冉冉升起的新星。

“丘吉尔怎么样？”斯大林问道。

“丘吉尔？”阿斯特子爵夫人惊讶得瞪大了眼睛，马上又皱着眉头说：“他已经出局了。”

可是8年之后，也就是在1940年6月4日，丘吉尔作为首相在下议院发表了著名的演说，当时希特勒的黑豹装甲师正在踏平法国全境。波兰沦陷，比利时沦陷，荷兰沦陷，挪威沦陷，丹麦也已经沦陷，法国正在沦陷，英国因敦刻尔克大撤退而心存余悸。包括很多英国政治家在内的全球领袖都认为，除了把欧洲割让给纳粹德国外别无他途。丘吉尔的政敌也认为他只能同希特勒及其羽翼议和，他们还打算好好利用议和之后所带来的政治动荡局面。

不过，这些政客们注定要失望了。

这一天，丘吉尔一如往常地手拿讲稿，因为他向来担心如果没有准备好文稿，说话可能会有所闪失。他目光如炬地扫视了整个下议院，对议员们说出了他的传世名言：“我们决不投降，即使我们这个岛屿或这个岛屿的大部分被征服并陷于饥饿之中，当然我从来不相信会发生这种情况。我们在海外的帝国臣民，在英国舰队的武装和保护下也会继续战斗，直到新世界在上帝认为适当的时候，拿出它所有一切的力量来拯救和解放这个旧世界。”

丘吉尔的过人之处不仅在于他宣告了英国敢于同轴心国战斗到底的决心，他还获得了诺贝尔文学奖，并在77岁高龄时二度出任英国首相，得到女王授予的爵位，还因为提前预见到苏联的举动并提出“冷战”期间的“铁幕”一词而闻名于世。

1941年，也就是在英国处境最为艰难的日子里，丘吉尔受邀回到母校哈罗公学，在开学典礼上发表演说，他之前在这里读书的时候得到的分数低得让人害臊。在开学典礼上，丘吉尔几乎是从头睡到尾，校长对他投以担忧的眼神。但是，别人介绍完他之后，他马上精神抖擞地来到了讲台上，扫视了众多在座的男孩，开始发表自己的演讲：“这是人生经验：永不言弃，永不言弃，永远、永远、永远、永远不要放弃任何事。不管它是大事还是小事，也不管它重要还是不重要。我们只向荣誉和理智屈服。永远不要在武力面前低头，永远不要在貌似强大的敌人面前屈服。”

永不言弃。我们可以适时地调整战术，但是决不能放弃自己的核心目标。

你要乐于舍弃已经没有价值的商业点子，甚至要甘愿关闭运营已久的大型项目，但是绝对不要放弃打造一个伟大企业的理想。你要乐于开展各种全新的项目，这些项目和你目前所从事的业务或许没有任何交集，但是绝对不要放弃构成公司文化的那些核心原则。

你要乐于接受不可阻挡的破坏性创造力，但是绝不能放弃创造自己未来的基本原则。你要乐于暂时承受损失、忍受痛苦或是失去短暂的自由，但是绝不能放弃必胜的信念。你要乐于同以前的敌手结盟或是作出必要的妥协，但是绝对不要放弃自己的核心价值观。

走出黑暗的绝境始于意念笃定、永不认输者的努力。一败再败是一回事（历史上很多公司和企业都曾遇到过这样的困难），但放弃永不言弃的价值观和雄心壮志则是另一回事。更准确地说，失败不是一种表象，而是一种心理状态。虽然受挫，但还要再次昂起高贵的头颅，永不低头，这就是成功。

附录1　衰落公司的选择标准

HOW THE MIGHTY FALL

我们的研究过程需要在客观、预设的前提下选择案例来进行研究。我们并不会武断地决定“想要”研究哪些公司，之后再去寻找数据符合既定模式的时间段。相反，我们是先制定出案例研究的标准，而不是先去观察数据并系统地过滤掉那些不符合标准的潜在案例。下面列出的就是我们研究衰落公司的步骤小结（所有股票收益率数据均来源于芝加哥大学商学院研究生院证券价格研究中心，作者得到授权使用，该中心保留所有权利，该中心网站为www.crsp.chicagobooth.edu）。

研究背景

我们在创作《从优秀到卓越》、《基业长青》两部作品的过程中积累了60家公司的资料，这些公司横跨30多个不同的行业。

3M公司	大西洋-太平洋茶叶公司	雅培公司	信件和文件复印机公司
美国运通公司	埃姆斯百货公司	美国银行	伯利恒钢铁公司
波音公司	百时美施贵宝公司	宝来公司	大通曼哈顿银行
克莱斯勒公司	电路城公司	花旗银行	高露洁公司
哥伦比亚电影公司	爱克德公司	房利美	福特汽车公司
通用电气公司	吉列公司	通用汽车公司	大西部金融公司
哈里斯公司	孩之宝公司	惠普公司	豪生国际酒店集团
IBM公司	强生公司	建伍公司	金佰利-克拉克公司
克罗格公司	万豪酒店	麦克唐纳-道格拉斯公司	梅尔维尔公司
默克公司	摩托罗拉公司	诺思通公司	诺顿公司
纽柯公司	辉瑞制药公司	菲利普·莫里斯公司	必能宝公司
宝洁公司	雷诺烟草公司	乐百美公司	斯考特纸业公司
塞罗公司	索尼公司	美德公司	德州仪器公司
厄普约翰公司	沃尔格林公司	沃尔玛公司	迪士尼公司
华纳-兰伯特公司	富国银行	西屋公司	真力时公司

标准一：待选公司历史上曾是卓越企业

如果一家企业满足如下三个条件中的一个，那么就能成为合适的研究待选对象：

(1) 在《基业长青》一书中成为高瞻远瞩的公司，在《从优秀到卓越》一书中成为卓越企业。

(2) 在《基业长青》和《从优秀到卓越》中成为对照分析企业，在公司历史的某个阶段曾经15年内股票累积收益率超过大盘股指的3倍。需要留意的是，我们的研究方法针对的是那些在过去曾经满足特定绩效标准的企业。公司在某一阶段可能表现出众，但是之后或许又会陷入衰退（这也是本书的研究目标）。同样，某家公司在某个时期表现可能差强人意，但之后实现了业绩的突飞猛进（《从优秀到卓越》一书的研究主题）。

a．**特例**：如果一家企业只是在被收购一年前的表现符合上述第二个条件，那么我们也会把它从研究案例中剔除，因为公司的股价会由于收购预期而遭到人为抬高。

b．**特例**：如果待选企业在过去15年中取得超过大盘股指3倍的股票收益率，但这只是属于"偶发情况"，而非业绩持续稳定的改善，那么这类企业也应该从研究中剔除掉。测试一家企业的表现是否属于"偶发情况"的步骤如下：①在公司股票累积收益率超过大盘股指3倍的15年内，计算公司股票累积收益提高的百分比；②计算从这15年的起始点到过了10年之后，公司股票累积收益提高的百分比；③ 如果①除以②得到的结果是0.2或小于0.2，那么这个例子就属于“偶发情况”。下面的这个表格就介绍了“偶发情况”。

	案例1	案例2
股票累积收益率超过大盘股指3倍的15年之初	与大盘股指相同	与大盘股指相同
15年过去了10年	大盘股指的1.25倍	大盘股指的1.75倍
15年过去了15年	大盘股指的4倍	大盘股指的3.1倍
计算②的结果	25%	75%
计算①的结果	300%	210%
①除以②的结果	0.08	0.36
结论	偶发情况	非偶发情况

c．**特例**：在取得超过大盘股指3倍的股票累积收益率的15年中，如果公司业绩表现糟糕的年份比表现出色的年份多，那么就要把这个案例剔除掉。

(3) 对于那些我们找不到股票数据来分析企业运营最强劲年份内表现的对照公司，我们搜寻到在芝加哥大学商学院研究生院证券价格研究中心有大量的数据。这些数据需要符合如下三个条件之一：①使公司奠定行业领跑者的财务数据；②在公司最辉煌的岁月里，它对行业发展影响巨大；③公司表现强劲，对行业的重要影响延续了至少20年。

根据这一标准，我们剔除掉的公司包括大通曼哈顿银行、哥伦比亚电影公司、大西部金融公司、豪生国际酒店集团、建伍公司、诺顿公司、塞罗公司、美德公司、德州仪器公司、雷诺烟草公司以及厄普约翰公司。

标准二：备选对象从卓越公司沦为平庸抑或更糟

在用第一个标准剔除掉一些公司之后，我们对剩下的公司用如下的两个标准来进行衡量，如果一个公司能满足其中的任何一个条件，那么它就能成为备选公司：

(1) 在《基业长青》一书中成为高瞻远瞩的公司，在《从优秀到卓越》一书中成为卓越企业。但是在1995~2005年，公司的表现出现“跳水局面”。也就是说在1995年1月1日~2005年1月1日，公司股票累积收益率只有大盘股指的80%或者更低。

(2) 在《基业长青》和《从优秀到卓越》中成为对照分析公司，但是在10年间公司的股票累积收益率只有大盘股指的80%或者更低（如果衰落趋势延续了不到10年，公司被别的企业收购或者破产），公司股价在之后的15年间也没能够再现超过大盘股指3倍的优异表现。

根据这一标准，剔除掉的企业包括3M公司、雅培公司、美国运通公司、波音公司、克莱斯勒公司、花旗银行、高露洁公司、房利美、福特汽车公司、通用电气公司、吉列公司、哈里斯公司、

IBM公司、强生公司、金佰利-克拉克公司、克罗格公司、万豪酒店集团、诺思通公司、辉瑞制药公司、菲利普·莫里斯公司、必能宝公司、宝洁公司、德州仪器公司、沃尔格林公司、沃尔玛公司、华纳-兰伯特公司和富国银行。

标准三：其他剔除因素

剔除行业因素：如果我们质疑某家公司取得出众的业绩主要是因为行业因素，那么就把这家公司从研究对象中剔除出去。

剔除创业元老的因素：如果某家公司唯一的上升期就发生在某位开创者在任期间，而且在这位开创者离开岗位一年之内公司的业绩就开始一路下滑，那么就可以将这家公司从研究对象中剔除出去。

剔除1950年以前的企业：如果一家企业表现卓越的巅峰期在1950年之前就结束了，因而没有足够多的数据来深入研究这家公司的起起伏伏，那么就把这家企业从研究对象中剔除出去。

剔除一向平庸的企业：如果在有突出表现之前，公司几十年间一直都处于平庸状态，这就会让人质疑该公司在衰落之前是否算是一家卓越的企业，因而要把这家企业从研究对象中剔除出去。

通过这一标准，剔除掉的企业包括伯利恒钢铁公司、百时美施贵宝公司、宝来公司、爱克德公司、通用汽车公司、麦克唐纳-道格拉斯公司、梅尔维尔公司、纽柯公司、索尼公司、美德公司、迪士尼公司、西屋公司。

最后确定待研究的公司

公司	衰落时间段	起止时间
大西洋-太平洋茶叶公司	20世纪50年代~70年代	1859~1998年
信件和文件复印机公司	20世纪60年代~80年代	1896~1998年
埃姆斯百货公司	20世纪80年代~90年代	1958~2002年
美国银行	20世纪70年代~80年代	1904~1998年
电路城公司	20世纪90年代~21世纪初	1949~2008年
惠普公司	20世纪90年代~21世纪初	1937~2008年
默克公司	20世纪90年代~21世纪初	1891~2008年
摩托罗拉公司	20世纪90年代~21世纪初	1927~2008年
乐百美公司	20世纪80年代~90年代	1920~1998年
斯考特纸业公司	20世纪60年代~90年代	1879~1995年
真力时公司	20世纪60年代~80年代	1923~2000年

附录2 成败对照分析选择

HOW THE MIGHTY FALL

我们研究方法的核心就是将极为成功的企业和差强人意的企业进行对照分析。在这一分析中，我们采取这样的对照分析法来把成功的公司和衰落的公司进行对照比较。在对比期间，每家成功的企业都取得了持续、出众的表现，而衰落的企业则表现不佳。在之前的研究中对6家公司进行过成败对照分析（大西洋–太平洋茶叶公司、信件和文件复印机公司、埃姆斯百货公司、美国银行、斯考特纸业公司和真力时公司）。对进行案例分析的几家企业，我们要遵循下面的遴选和计分步骤：在进行对照分析的那一年中，我们选择潜在的同行业的成败对照分析对象[①]；为了选取合适的对照分析企业，我们使用了标准产业分类（SIC）代码、财务分析报告、胡佛

① 电路城公司、惠普公司、默克公司和摩托罗拉公司的对照选择是在1995年，而乐百美公司是在1992年。

公司报告和穆迪报告、《财富》杂志的排名和已发表的文章。之后，我们根据下面的6个标准建立了一个量化计算模型。

业务相近：在选定进行分析的那一年中，进行对照分析的成功企业与衰落企业从事着相同的业务。对于每一组企业，我们都设定了客观的业务匹配度模型，从而能够对每一组对照分析企业进行1~4分的评价分析。

规模相近：在选定的进行对照分析的年份中 ，成功和衰落的企业规模接近。

4分：如果两家企业的营业收入之比在0.80~1.25之间；

3分：如果两家企业的营业收入之比在0.60~0.80之间，或者在1.25~1.67之间；

2分：如果两家企业的营业收入之比在0.40~0.60之间，或者在1.67~2.50之间；

1分：如果两家企业的营业收入之比小于0.40或者高于2.50。

公司"年龄"相近：在选定的进行对照分析的年份内，成功和衰落的企业的"年龄"接近。

4分：如果两家企业都在1950年之前成立，或者两家企业"年龄"之比在0.90~1.11之间；

3分：如果两家企业的"年龄"之比在0.75~0.90之间，或者在1.11~1.33之间；

2分：如果两家企业的"年龄"之比在0.50~0.75之间，或者在

1.33~2之间。

1分：如果两家企业的营业收入之比小于0.50或者大于2。

业绩相近：以选定的进行对照分析的年份为基点的前10年，成功和衰落的企业股票累积收益率相近。

4分：如果两家公司的股票累积收益率相差不超过10%；

3分：如果两家公司的股票累积收益率差额在10%~25%；

2分：如果两家公司的股票累积收益率差额在25%~50%；

1分：如果两家公司的股票累积收益率差额为50%或超过50%。

业绩差别很大：在选定的进行对照分析的年份历经10年后，成功企业的股票累积收益率比衰落企业要出色得多。

4分：如果成功企业和衰落企业的股票累积收益率之比高于3；

3分：如果成功企业和衰落企业的股票累积收益率之比在2~3之间；

2分：如果成功企业和衰落企业的股票累积收益率之比在1.5~2之间；

1分：如果成功企业和衰落企业的股票累积收益率之比在1~1.5之间；

自动剔除的企业：成功企业和衰落企业的股票累积收益率之比小于1。

卓越性测试：从选定的进行对照分析的年份开始历经10年后，成功企业积累起了上佳的口碑。每个公司最开始能有4分。

不扣分：成功企业的股票累积收益率是大盘股指的2.5倍以上；

扣0.5分：成功企业的股票累积收益率是大盘股指的2~2.50倍之间；

扣1分：成功企业的股票累积收益率是大盘股指的1.50~2倍之间；

扣1.5分：成功企业的股票累积收益率是大盘股指的1~1.50倍之间；

扣2分：成功企业的股票累积收益率是大盘股指的0.80~1倍之间；

自动剔除的企业：成功企业的股票累积收益率与大盘股指的比小于0.8。

从选定的进行对照分析年份的开始历经10年后，根据公司在《财富》杂志上“最受尊敬企业”的行业排名来确定是否扣分。

如果排名为行业第一名，不扣分；

如果排名为行业第二名或第三名，扣0.5分；

如果排名跌至第四名或更低，扣1分。

电路城的备选成败对照分析对手得分

百思买公司	18.5
沃尔玛公司	14.0
Radio Shack	11.0

惠普的备选成败对照分析对手得分

IBM公司	15.5*
德州仪器公司	15.5
戴尔公司	13.5
苹果公司	11.0
英特尔公司	10.5
太阳微系统公司	9.5

* IBM公司在业务相近这一项的比较上得分更高。

摩托罗拉的备选成败对照分析对手得分

强生公司	19.0
辉瑞制药公司	17.0
雅培公司	16.0
礼来制药公司	16.0
惠氏公司	15.5
先灵葆雅公司	14.0

除了乐百美公司以外，其他公司我们都找到了很明显的成败对照分析对象。对于乐百美公司，我们起初找了26家备选公司。在剔除了业务缺乏相似度，在研究期间被其他公司收购、因为是私营企业而缺少股票累积收益率信息或股票累积收益率糟糕的企业之后，我们发现没有哪家公司能成为乐百美公司合适的对照分析企业。最后选定的对照分析公司列表如下。有意思的是，其中的一家企业（摩

托罗拉和真力时在20世纪70年代是对照分析对手）到了90年代也成了衰落公司。看来没有哪家公司能确保基业永远长青！

衰落的公司	成功的对手
大西洋-太平洋茶叶公司	克罗格公司
信件和文件复印机公司	必能宝公司
埃姆斯百货公司	沃尔玛公司
美国银行	富国银行
电路城公司	百思买
惠普公司	IBM公司
默克公司	强生公司
摩托罗拉公司	德州仪器公司
乐百美公司	没有找到匹配的对照公司
斯考特纸业公司	金佰利-克拉克公司
真力时公司	摩托罗拉公司

附录3 房利美和2008年的金融危机

HOW THE MIGHTY FALL

在《从优秀到卓越》一书中，我们对房利美进行了大量阐述，因为20世纪80年代早期在戴维·麦克斯韦尔（David Maxwell）的领导下，公司的表现超越同侪。在麦克斯韦尔的领导下，房利美将自己从一个政府经营、官僚风气十足的机构转变成为资本市场中的航母。公司的股票累积收益率比大盘股指超出一大截。《从优秀到卓越》一书中，我们根据公司30年间的股票累积收益率来选择研究案例，我们就是根据1969~1999年期间房利美的表现来进行的研究。

不幸的是，到了21世纪初，房利美的表现和之前大相径庭。房利美先是从卓越退化到优秀，最后几乎濒临灭亡。我在前文中已经提到，我没有在本书中详细地论述房利美，原因很简单，当我们选择那些在2005年衰落的研究对象时，房利美以及数据库中的很多其他金融机构并没有轰然倒下，因此它们并不适合成为本书的研究对象。与其因为新闻都在谈论房利美，所以在成稿的最后一刻将它仓促地纳入本书，还不如在附录中单独对它进行一番简短的评价。

在回顾房利美和2008年其他金融机构表现的时候，我不由地想到了电影《泰坦尼克号》中的场景。在那一幕场景中，有人告知泰坦尼克号的船主白星航运公司老板J · 布鲁斯 · 伊斯梅尔这艘豪华游轮有覆灭的危险时，伊斯梅尔不屑一顾地回答说："这艘船绝对不会沉。"

"这艘船是钢制的，先生，"泰坦尼克号的总设计师托马斯 · 安德鲁斯说道，"我肯定它会有下沉的可能。"

当美国房地产泡沫破灭之后，很多大型金融机构的高管也同样持怀疑态度，不敢相信自己的企业竟然会面临如此艰险的处境。在回顾我们收集房利美帝国倾覆的材料时，我们发现，公司的高管层很少认真考虑公司倒闭的可能性。然而，自2008年9月起，房利美开始由美国政府接管，这种状况在法律上比破产也好不到哪儿去。2008年的10月31日，房利美的股价已经从一年前的每股57美元剧挫98%，下探到仅有每股93美分。

根据《纽约时报》上的一篇报道，房利美的首席执行官为公司的决策进行辩护，指出"没人能预见到会发生什么，因此指责我们没有预测到不可思议的趋势是不公平的"。在2008年美国次贷危机的过程中，几乎每家金融机构都元气大伤，包括房利美的难兄难弟房地美和花旗等大银行损失惨重。花旗集团首席执行官潘伟迪（Vikram Pandit）2008年11月在做客知名夜间访谈节目《查理 · 罗斯秀》的时候，作了和房利美首席执行官同样的表态："你们可曾见过3A级的债券突然就变得一文不值了？"潘伟迪说得斩钉截铁，他认为当前的风险管理模型根本都无法解释出现的危局。"我不相信有任何人……对当前的危机环境进行过压力测试。"

也许，房利美只是在业界的一场灾难性的狂风暴雨中倒下。或许，房利美的失败同自己的管理失当完全没有干系。也就是说，我们在21世纪初从房利美的表现中发现的衰落前三个阶段的影子（第一阶段：狂妄自大；第二阶段：盲目扩张；第三阶段：漠视危机）酿成了2008年的危机。

20世纪80年代麦克斯韦尔领导房利美的岁月里，创建了一种谦逊、低调的企业文化。可是到了21世纪早期，房利美却有了狂傲不羁的坏口碑，一方面是因为公司取得了骄人的业绩，另一方面是因为公司对自己在帮助美国人实现"居者有其屋"的过程中建树颇大而沾沾自喜。长久以来，房利美都以组织文化健全而著称，尤其是在风险管理方面，不过公司也经历了成长方面的重大压力，这种压力一方面来自华尔街，另一方面来自政府，因为政府力促更多的低收入美国家庭买房。公司在2001年的年报中指出，在1998~2003年期间，房利美正在实现营业收入翻一番的目标，也就是相当于年均增长率要达到15%（当时住房抵押市场的行业年均增长率为7%~10%）。房利美实现了这一目标，似乎朝着更远的增长和成功道路在前进，之后却一头扎入了金融风暴的旋涡。

2004年9月，美国联邦住宅建造商监督局（OFHEO）发布了一项报告，批评房利美滥用通行会计准则，编造稳定的收益状况。房利美最终解决了这一危机，但也付出了沉重代价。房利美在2006年的年报中指出：

“在美国联邦住宅建造商监督局的特别调查以及美国证券交易委员会的相关调查之后，我们开诚布公地解决了分歧。我们同意了基于双方意向之上的由美国联邦住宅建造商监督局出具的命令。在解决分歧的过程中，我们既不承认也不否认有任何失当的行为，也不存在其他假设的或暗指的任何罪名。我们同意支付4亿美元的民事罚款，其中有5 000万美元交给美国财政部；另外的3.5亿美元则交给美国证券交易委员会，根据2002年《萨班斯-奥克斯利法案》，这笔钱将以公平基金（Fair Funds）的形式支付给因此而遭受损失的股东。”

比罚款影响更大的影响则是房利美在被调查的过程中丧失了牛气冲天的势头。

这家伤痕累累的贷款巨头刚从会计丑闻中缓了一口气，马上就发现美国楼市的泡沫越来越大，来自全美金融公司（Countrywide）、雷曼兄弟公司、贝尔斯登公司和其他对手的竞争压力越来越大。尽管不像其他几个竞争对手那么疯狂，房利美在次级贷方面的业务也越来越多。就像房利美的一位高管向《纽约时报》所说的那样："人人都知道，我们现在正在买入我们以前绝不会购买的贷款产品，计算模型正在警告我们，我们收取的费用过低。但是，我们公司的章程规定要和市场趋势保持一致，并要为那些低收入的购房贷款者服务。因此，这也就是我们干的事。"随着房地产的泡沫破灭，房利美在2008年第一季度的亏损达到22亿美元，第二季度的亏损为23亿美元。为了避免美国整个金融体系的崩溃，美国政府接管了房利美和房地美，目标是要在2010年年底之前对它们进行重组。

下面是我的一些观察和收获：

• 金融机构往往会表现出衰落第三、第四、第五阶段的独有特征。因为金融企业经常会采用高杠杆率，很小的一点损失往往就会导致灾难性的结果。金融机构如果遇到风险情势急转直下，那么它们也很有可能从衰落第三阶段一头扎进第五阶段。因为情形变坏的速度如此之快，以至于公司几乎没有时间进行自我救赎。

• 已经陷入衰落的公司往往一有风吹草动就会变得极其脆弱。如果2008年的金融危机没有发生，或者没有变得这么严峻的话，或许房利美还有机会纾缓困境，并通过自身努力重新回归卓越企业之列。可是，面对2008年9月的金融海啸，房利美的最后一根救命稻草也被大浪卷走了。

• 有一点让我感到惊讶，衰落五个阶段（狂妄自大、盲目扩张、漠视危机、寻找救命稻草、被人遗忘或濒临灭亡）不仅和某一家金融机构走过的路径相似，而且与整个金融行业和汽车行业走的路都很相似。即便如此，我们还是有必要指出，公司并不会绝对囿于行业的困局。在2008年的金融危机中，也不是所有的金融机构都倒下了，有些公司恰好抓住了这样的机会战胜了实力不济的竞争对手。

• 最后，还有一个让人感到不可思议的教训：要留意那些从崇高使命感中萌生的狂妄。在《基业长青》一书中，杰里·波勒斯和我发现：能够长期有卓越表现的公司往往能够坚守自己长期以来的核心价值观，而不仅仅只是出于赚钱的目的去追求这种价值观。但是，也有一种相生相伴的风险要加以管理：如果认为自己的价值观就是正义的化身，那么就会使得公司在衰落第一到第三阶段中变得更加脆弱。房利美帮助尽可能多的美国人实现住房梦的使命感使公司滋生了傲慢情绪，也使公司盲目追求扩大规模，导致风险加大。人们如果把自己工作的崇高使命和行动的动机相混淆（我们是追求高尚使命的好人，因此我们的决定也都是好的、睿智的），那么就更容易走上歧途。怀着善意作出的错误决定依旧还是错误的决定。

附录4（A） 公司衰落的证据

HOW THE MIGHTY FALL

提示：下面的这些表是为了表明即便卓越公司充满干劲地经营着目标宏伟的业务也会衰落，这就使得卓越公司因为自满而衰落的论调打了折扣。接下来的内容可以证明，我们研究分析的11家卓越公司中，有10家公司尽管没有表现出自负的情绪，却依旧陷入了衰落的境地。

信件和文件复印机公司 衰落第二阶段（1956~1971年）

• 深刻地意识到来自施乐公司的威胁，因而同查尔斯 · 布吕宁公司合并以便增强竞争力。公司推出新产品布吕宁3000，但是这项新产品却以失败而告终。

• 公司研发了一款名为AMCD-I的传统复印和快速复印一体机，但是这款产品最终并没有能够面市，因为它的两种功能都不够强大，生产时遇到障碍以及来自公司其他产品的竞争威胁。

（续）

• 匆匆忙忙地推出一系列新产品研发计划，在3年之内推出了23款新产品。

埃姆斯百货公司　衰落第二阶段（1982~1988年）

• 通过一系列大型收购来实现扩张。

• 来了一个180度大转弯，原来是以农村市场为主，转型后变得以城镇市场为主。

• 开展文具业、工艺品店等新型业务。

• 收购了洁尔百货公司，期望将公司的规模扩大一倍。

• 1983~1988年间，公司的销售额增长了5倍。

美国银行　衰落第二阶段（1970~1979年）

• 20世纪60年代在国际业务拓展方面投入了大量精力，使公司的海外分支机构从不到20个猛增到90多个；1971~1977年，海外分支机构的总资产增加了3倍多；信贷审批权也下放到了海外分支机构，从而可以更好地帮助海外市场中企业的成长。

• 公司锐意进取，首席执行官A • W • 克劳森（A.W. Clausen）指出："我们的关键词就是行动……我们可以在决策时犯错误，但不能在犹豫不决上犯更严重的错误。"

• 变成了一家合资金融机构，主要是对高风险的小型科技公司进行投资。

• 1970~1974年，公司总资产翻了一番，1974~1979年之间几乎又将总资产翻了一番。

• 将一手打造起来的业务重点转向世界上无处不在的Visa信用卡。

（续）

• 20世纪70年代后期，大规模地提高了固定利率的借贷数额、建筑项目贷款数额以及给拉美等高风险国家的贷款数额。

电路城公司 衰落第二阶段（1992~1997年）

• 作出了实现巨大增长的承诺。1996年提出，要到2000年年底将总营业收入翻一番增至150亿美元，并将公司的连锁店数目增加70%，扩张到800家。

• 1992~1997年，要将公司的年营业收入提高2.7倍，也就是从28亿美元增加到77亿美元，年均增长率达到22%。

• 致力于将Carmax二手车零售业务做大。截至1997年年底，Carmax二手车零售业务收入从零上升到了5.1亿美元。1997年公司投入了4.12亿美元启动这项业务，力图到2002年年底建立起80家Carmax二手车零售店。

• 开始研发数字视频快递业务。

惠普公司 衰落第二阶段（1992~1997年）

• 1992~1997年，公司5年间的营业收入增长了2.6倍（从164亿美元增加到429亿美元）。增长速度比1966~1991年25年间的平均增速要快。

• 加快了产品研发。到了1993年，公司70%的产品订单都来自在过去两年中最新推出的产品，这一比重在1991年只有30%。

• 1996年，公司被《福布斯》杂志选为美国“表现最佳公司”，排名超过通用电气、强生和英特尔。这篇文章的标题为“1995年表现最佳公司：横冲直撞的童子军”。

（续）

• 首席执行官路 · 普拉特向自满宣战，将创新作为惠普的前进战车。他说："对自满的担忧会让我夜不能寐。你必须要能预见得到，过去能带给你成功的东西并不会确保你未来永远成功。"普拉特认为，最好的防守之道就是积极主动的自我毁灭和再生。"尽管这样做不符合人性，但是你必须要在自己的业务仍成功时急流勇退，"普拉特说，"我的工作就是要维持这样一种健康的运营环境。"

• 路 · 普拉特控制着打印机行业，就像英特尔一样对竞争对手毫不留情；当你的对手还在模仿你这一代产品的时候，你推出更好的下一代产品，用势不可当的定价优势和迅雷不及掩耳的速度将对手摧毁。惠普将这一模式移植到了个人电脑领域，因此在4年内，其在行业中的竞争排名从第11位上升到第3位。

• 通过收购惠尔丰公司大举进军电子商务领域。将"信息公司"的概念进一步深化，将数码产品和易于拔插的家电相结合，进军数字摄像领域。

默克公司　衰落第二阶段（1993~1998年）

• 1993年，公司斥资60亿美元买下了美国最大的购药权益管理公司——Medco Containment Services（默克公司1992年的营业额为97亿美元）。收购Medco Containment Services是为了在赢利不容易的情况下控制药品流通渠道。

• 把成为扩张速度最快的公司当做企业的首要目标。打算在有极大突破性潜力的药品研发领域投入巨资以获得增长，发挥在医疗保健方面的全部潜能，保存核心药疗业务方面的赢利能力。

（续）

• 保持公司在科技方面的领先地位，力争在新药品商标注册方面超过其他公司。

• 力促组织结构的巨大变革，打造“全球战略业务团队群”，每个团队关注的都是某一种主要的疾病，以促进产品和市场的发展。

摩托罗拉公司　衰落第二阶段（1990~1995年）

• 力促每隔5年将公司的规模扩大一倍。1990~1995年，公司的营业收入从110亿美元增长到了270亿美元。

• 及时地抓住了各种发展趋势，包括无线业务、手机业务、电子业务和全球化趋势，富有远见地在中国进行大笔投资（到1996年年底，在中国的投资位居所有美资公司中第一位）。

• 全力推进铱星计划（1991年将其分离出去，使之成为一家独立的有限责任公司）。

• 同IBM和苹果公司合作，在PowerPC中央处理器上投入巨大，挑战了英特尔的地位。

• 非常重视创新，1991~1995年的注册商标数从613项增加到了1 016项。

• 公司得到了“勇于进取”的美誉。

• 首创了六西格玛全面质量管理方法，追求每100万件产品中只有3.4件次品率的高要求。

• 鼓励饱受争议的“冲突文化”，确保最好的科技和市场观点能够取胜。

（续）

乐百美公司　衰落第二阶段（1980~1993年）
• 1980~1993年之间，公司的营业收入增长了6倍，赢利增长了15倍；曾经一度实现了连续40个季度的赢利增长。 • 打造出了一台创新企业机器。截至1991年，公司收入的30%以上都来自前5年的时间内推出的新产品。1992年，公司全年平均每天都会推出一款新产品。 • 20世纪90年代早期，公司打算每过一年到一年半就进入一个新的市场领域。 • 具有强烈的增长和自我创新的动力。“我们必须持续地自我创新”，“我们的首要增长目标就是要每过5年就将公司的销售额、赢利和每股收益翻一番”。
斯考特纸业公司　衰落第二阶段（1962~1970年）
• 为公司引入了多元化发展战略，以推动增长。买下了一家课本用纸生产商、一家塑料镀膜公司和一家基础教育教师用具生产企业。设立了一次性产品生产企业，提出了一次性纸裙和毕业袍等创新理念。进军度假山庄、泳池和露台家具市场。 • 采取新的品牌管理模式，各位品牌经理负责各自产品的赢利、研发、生产、广告和销售，这是和原先截然不同的品牌管理之道。 • 与此同时，在20世纪60年代，公司并没有积极应对来自宝洁公司的威胁（事实表明，斯考特纸业公司拥有“绅士”文化，缺乏奋斗精神）。

（续）

真力时公司 衰落第二阶段（1966~1974年）

• 实现了到1959年成为美国最大的黑白电视机生产商的目标。

• 实现了到1972年超过美国无线电公司成为最大的彩色电视机生产商的目标。

• 在极有前瞻性的付费电视方面投入巨大。这一战略未能成功，主要是因为公司的这一策略比市场提前了差不多20年。

• 1970~1973年，公司在扩张产能方面投入巨资，在中国台湾和香港以及墨西哥边界等很多地方设立了新厂。

• 在美国斥巨资设立自动化工厂，以期在国际经济环境进入逆市的时候加强自身竞争力。

• 获得了新科技拥趸的声誉。如果某一新方法得到认可，那么公司就会马上努力将其应用到实践中去。

表明骄傲自满的案例

大西洋-太平洋茶叶公司 衰落第二阶段（1958~1963年）

• 赢得"隐士帝国"的声誉，因为公司故步自封，不喜欢与时俱进。公司内部人士经常拿"你不能否认公司的百年辉煌"来做挡箭牌。

• 创始人所持有的40%的公司股份都在哈特福德基金会名下，股东要求得到高回报。1958~1962年，公司的高赢利创下了历史纪录，公司的分红也同样创下了历史纪录，公司赢利的90%都转变为分红。

• 在新设店铺的投入方面逊于竞争对手。1962年，"同排名前10位的连锁店相比，大西洋-太平洋茶叶公司33%的营业额和36%的分店在资本投入方面，只有竞争对手的18%"。

• 公司陷入了绝境。因循守旧的分店模式，而竞争对手则投资兴办更大的商店并转型成超市。

附录4（B） 寻找救命稻草的证据

HOW THE MIGHTY FALL

大西洋－太平洋茶叶公司

20世纪70年代早期公司陷入了衰境，旗下的4 000家门店都推出了“经济实惠之源”，想用低于成本价的销售方法重新夺回市场份额，一位同行竞争对手将这种做法形容为“让行业陷入混乱的歇斯底里之举”。公司从外部聘请了一位富有领导魅力的首席执行官来担任救世主；把赌注压在了“家庭商店”上，这种商店销售的物品从电视机到面包、牛奶、啤酒等一应俱全；推出新的广告和形象定位策略；公司在短暂地实现赢利之后，又陷入了一连串的亏损，这使得公司的资产负债表更加恶化；公司只能去寻找新的灵丹妙药，包括从一家德国公司寻找资金和新的首席执行官。

（续）

信件和文件复印机公司

在20世纪70年代早期，因为推出的产品失败导致利润大幅下降，公司用重金、股权的方式从霍尼韦尔挖来了一名首席执行官试图扭转衰落的局面。后来又选择了另一位富有领导魅力的掌舵人，结果让公司陷入了举步维艰的企业再造中。公司将希望放在了一项救命稻草似的项目上，推出了名为“未来办公室”的计划（根据信件和文件复印机公司一位高管在几年后的评价，这项计划一下子使公司从20世纪70年代的水准跨越到未来15年之后的超前水平，可是这项跨越不如想象中那样进展顺利）。

埃姆斯百货公司

在收购了洁尔百货公司之后，公司陷入了破产保护的边缘。公司刚刚从破产的危险边缘走了回来，却又换了另一位首席执行官，他在自己的第一份年报中写道：“在公司根据美国《破产法》第11章申请破产保护之前和期间，公司尝试了各种各样的销售和营销战略，但是这些战略会让公司的老客户感到困惑。”公司在两年之内又换了另一位首席执行官，开始对公司进行了“根本性的变革”，再次改变了公司的战略，这一次战略转向了“机会主义式的购买和微营销”，不再重视每日低价策略，转向采购和销售吸引人眼球的新品，打出诸如“55款经典名品”、“折扣一网打尽”等吸引人的广告语。1998年收购希尔斯百货商场，公司的规模在一夜之间扩大一倍。不到4年，公司陷入破产清算的境地。

（续）

美国银行
20世纪80年代中期，公司明显开始摇摇欲坠。公司聘请了大量的企业文化顾问来扭转乾坤，《财富》杂志这样描述，差不多2 000名员工开展了“一系列小组碰面讨论”项目。《银行家》杂志报道说，“无所不包的项目……涵盖对公司文化、策略、战略和地缘重点的重塑”。公司在新技术方面投入了50亿美元以迎接信息时代的到来。公司50多年来第一次减少了股票分红。公司的首席执行官离职，继任者是公司的前任首席执行官，他承担起了挽救公司的命运。这位首席执行官又请来了富国银行的高管来扭转局面。
电路城公司
面对2002年收入下滑的局面，公司推出了新的标志以及“我们与你同在”的大型广告造势活动。2003年年初，公司取消了有佣金的销售模式，解聘了3 000多名富有经验的高收入销售人员，聘用了缺乏经验、工资更低、按小时计价的员工；用“产品专家”来替代“销售顾问”。公司在2003年和2004年连连亏损。2004年公司推出了名为“正是我所需要的”产品推广活动。2006年又推出了名为“火炉”的新推广口号。公司还从百思买聘请了一位高管，这位高管在2005年成为公司的总裁，2006年成为首席执行官。2008年，领导层考虑卖掉公司以保护股东利益，结果最终有兴趣的买家百视达公司也放弃了。

（续）

惠普公司
从20世纪80年代后期开始，公司开始被科技潮流甩在身后，表现低于华尔街分析师的预期。原来的首席执行官辞职，公司从外部聘请来了一位行事高调、富有领导魅力的首席执行官。公司推行了公司文化和战略转型方面的重大变革，围绕着互联网来谋划发展思路。2001年，公司花费将近240亿美元买下了康柏电脑公司，兼并的理由也是说得冠冕堂皇，“提升价值最好、最快的手段……”“通过此役，我们大幅提高了……”“这使得我们解决了……”“我们很快就将……翻番”“通过这一个战略举措……”“使得惠普会加速……”“将让产业发生翻天覆地的变化……”公司的赢利水平变得飘忽不定。2005年年初，公司董事会将首席执行官解聘，又从外面找来了一位替代人选。
默克公司
从来没有跌落到衰落第四阶段。
摩托罗拉公司
20世纪90年代后期明显步入衰势之后，公司将赌注压在了“利用无线宽带网络和互联网”上，而当时正值网络经济泡沫破灭的时代。公司后来也承认，“和其他公司一样，我们在2000年也不合时宜地追逐着网络和经济的风潮”。公司力图将自己从一个以硬件为主的公司转型为以软件为主的公司。公司耗资170亿美元收购了通用仪器公司。公司开始了激进的文化和战略转型；“公司的一切都进行了调整或改变”；公司斥巨资开展“智慧演绎、无处不在”的商业战略；公司开展了对生物科技的研究；在4年之内三度重整无线网络业务；2003年后期，从外部聘请了一位首席执行官，但不到4年他就辞职了。

（续）

乐百美公司
1995年第四季度，公司在成为美国“最受尊敬企业”没多久，就出现了亏损。公司宣布进行第一次大规模重组，关闭了9家工厂，砍掉了1 170个工作岗位。与此同时，公司也展开了有史以来规模最大的收购。公司宣布出售办公产品业务，改变了几年前刚刚确定的战略发展重点。重新制定激进的营销战略，将互联网视为“企业复兴的必由之路”。不过公司的利润再度下滑，导致公司不得不进行第二次大规模的重组。公司展开了有史以来最大规模的新营销攻势，重新调整公司的薪酬体系，使之与股价更紧密地挂钩。公司再次进行了大手笔收购，使得欧洲的销售额增加了4倍。1998年，公司被纽威尔公司兼并，也因此丧失了作为一家卓越公司卷土重来的机会。
斯考特纸业公司
1981~1988年，公司开始了大规模的战略转型，想要通过休克疗法使企业摆脱困境。公司采取了更富有激励性的薪酬体系。让数百位经理人用休假培训的方式来植入新的价值观，使得公司“在希望中重生”。公司还聘请了外部战略顾问来帮助企业调准前进方向。起初效果看起来还不错，但很快利润就下降了。公司陷入了连环重组的恶性循环，1990年重组成本达到1.67亿美元，1991年的重组成本高达2.49亿美元，1994年的重组成本更是高达4.9亿美元，总计达到将近10亿美元。公司从外部聘请来了一位首席执行官，他大幅削减工作岗位，降低成本，最后把公司卖给了竞争对手金佰利-克拉克公司。

（续）

真力时公司

1977年，公司第一次出现了几十年不遇的亏损。首席执行官辞职。公司病急乱投医，四处寻找新商业计划。公司的一位高管说道："如果说我们有应对计划的话，不如说我们什么都想试一试。"在3年之内，公司仓促地进入录像机、光盘、通过电视拨打的电话机、家庭可视电话、有线电视解码器和个人电脑（收购了赫斯电脑公司）等产品领域。为了给这么多新产品研发生产提供资金支持，公司的债务与资产比率不得不增加了一倍。

附录5 确保关键岗位是合适的人选

HOW THE MIGHTY FALL

对于什么人胜任不同企业的各种岗位没有定论，但是我们的研究表明了关于这一问题有6个基本特征：

1. 合适的人选与公司的核心价值观相吻合。卓越的公司往往会打造起部落文化，和企业价值观不符的人会发现自己腹背受敌、就像病毒一样令人讨厌。人们经常会问："我们怎样才能让员工赞同我们的核心价值观？"答案："你不用这么做。你可以只招募那些价值倾向与公司核心价值观相近的人，而且坚持任用他们。"

2. 不需要对合适的人选进行"微观管理"。如果你觉得需要时刻盯着员工，那么你招聘员工的心态就有问题。如果你招募到了合适的人选，你根本不用花费大量时间来"激励"或"管理"他们。他们肯定效率很高，懂得自我驱动，自律而且主动地去追求完美，因为这就是他们DNA的一部分。

3. 合适的人选知道他们并不是仅仅完成工作，而是要承担责任。他们深悉工作任务和真正责任之间的区别。合适的人选肯定能够完整地说出来“我是最终负责……的人”。

4. 合适的人选遵守承诺。在重视自律文化的环境中，人们会把承诺看得很神圣。他们会毫不抱怨地去履行承诺。这也就是说，他们在许下承诺的时候会非常谨慎，确保不会说大话或是漫天许诺。

5. 合适的人选对公司和工作充满激情。如果没有激情，任何伟大的成就都不会出现。合适的人选总是有着坚韧不拔的勇气。

6. 合适的人选有“功成而不居”的大将风范。如果一切顺风顺水，合适的人选知道把功劳归于别人和其他因素，而不是独自邀功。相反，如果事情遇到挫折，他们并不会把责任推给外界环境或是推到别人身上。他们会坦诚地说：“责任在我。”

附录6（A） 企业东山再起的案例：IBM

HOW THE MIGHTY FALL

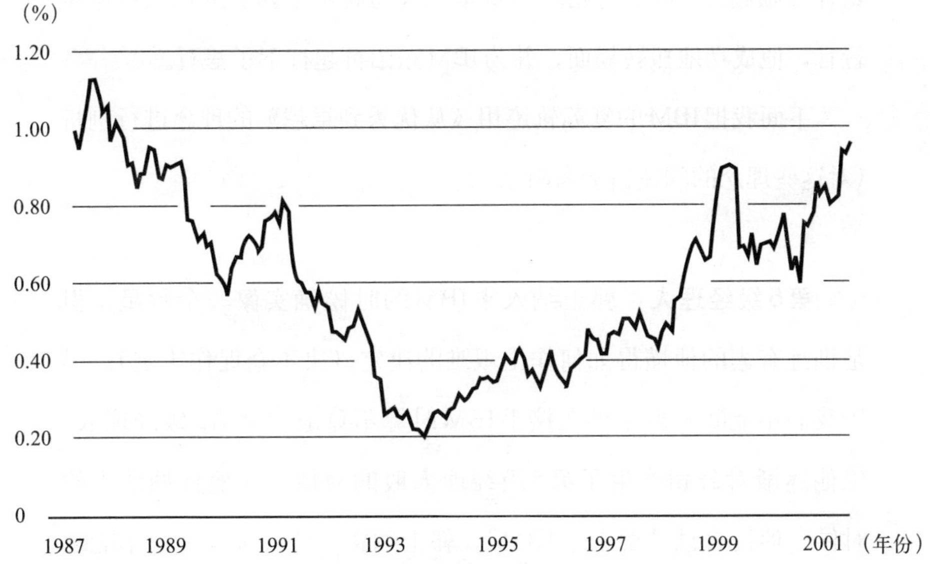

IBM公司股票累积收益率和大盘股指比较图

（郭士纳1993年成为首席执行官，2003年初退休）

资料来源：芝加哥大学商学院研究生院证券价格研究中心。

概况：在托马斯·沃森和小托马斯·沃森的领导下，IBM成长为20世纪最受人尊敬的公司和成功的公司，两人领导IBM长达半个世纪（托马斯·沃森在1914~1956年间掌舵公司，小托马斯·沃森在1956~1971年掌舵公司）。IBM成为电脑界的旗舰，IBM360等项目都让公司迈出了很大的步子。1926~1972年，IBM的股票累积收益率超过大盘股指70倍，投资者如果在1926年花上1 000美元购买IBM的股票，在1972年就能得到超过500万美元的投资回报。然而，IBM在20世纪80年代后期开始逐渐衰落，并在90年代初期直线下滑。公司出现了70多年来从未有过的亏损局面， 1991~1993年累计亏损超过150亿美元。1993年，公司聘用了郭士纳担任首席执行官，他成功地扭转局面，并为IBM东山再起打下了基石。

下面我把IBM的复苏轨迹用《从优秀到卓越》的理念进行剖析(对这些理念的阐述请参考附录7)。

第5级经理人：郭士纳入主IBM的时候确实像一个救星，但是训练有素的他懂得如何作出艰难的决定（决不仓促作决定）。尽管我们不能断定郭士纳在接手IBM时算不算是一个第5级经理人，但他逐渐对公司产生了第5级经理人般的激情，在他任期结束的时候，他说自己“爱上了IBM”。郭士纳将自传《谁说大象不能跳舞》“献给千千万万永不言弃的IBM同事，他们是重塑IBM的真正英雄”。到了任期最后，郭士纳对IBM抱有的雄心壮志已经超越了个人范畴。

先人后事：郭士纳首先关注的是重新打造自己的团队，他指出“最开始几周的第一要务”就是在关键岗位上安排贤人任职。他将公司的薪酬体系进行了一些调整，从而确保关键岗位上的人员不会流失。他的核心团队成员都是值得信赖的人，包括一位新的媒体总监、一位新的公司营销负责人、一位新的首席财务官、一位新的个人电脑业务部总经理，并且将那些不能像他一样有忧患意识或不称职的高管免职。

直面残酷的现实：郭士纳深知，不管IBM的现实有多么严峻，分析残酷的现实都是提出对策的前提。这包括分析IBM为什么会衰落，为什么不能尽善尽美，为什么会失去市场份额，IBM的关键客户在想些什么，为什么竞争对手会认为IBM已经脱离实际了……郭士纳说道：“如果说1993年7月的IBM最不缺的就是愿景的话，那么IBM第二个不需要的就是我跳出来说IBM尽善尽美。”郭士纳和团队成员与客户见面，倾听他们的真实反馈，开始将IBM重塑为一个专注于客户需求的公司。他们直面IBM的高价战略导致丧失市场份额的残酷现实（在接下来的7年时间里，郭士纳将每个处理器单位的产品价格调低了96%），他们直面IBM必须要降低70亿美元的成本才能活下去的现实，他们直面OS/2操作系统失败而Windows系统取得成功的现实，他们直面IBM面临的竞争比以往任何时候都要更加可怕的现实。

刺猬理念：IBM转型主要是基于这样一个核心理念：持续执著地关注客户的需求乃是IBM的核心所在。这种理念也让他们有了非常重要的一个洞见：客户非常需要有人能够将支离破碎的各种科技信息根据他们自身需求重新进行整合，从而来满足他们各自的需求。这种需求也会因为科技日新月异的发展以及电脑网络技术的日益发达变得越来越重要。这一点也引发了IBM的刺猬理念定位：IBM可以成为全球科技整合领域的执牛耳者。“那种认为消费者会自己购买并组装晦涩难懂的科技软件的想法根本不合时宜”。

训练有素的文化：郭士纳阐明了要将官僚文化转变为训练有素的文化的原则。在这种企业文化中，人们能够放手去实现高的目标、价值观和承担责任。“尊重员工所追求的……一种头衔文化，员工为了赢得尊重没必要非得作什么贡献，只是因为得到了铁饭碗就可以一辈子得到丰厚的待遇。”郭士纳列出了IBM绩效文化的8项框架原则，如果任何领导没能作出和这一框架相吻合的贡献，就不再适合继续担任重要的领导职位了。郭士纳团队始终关注刺猬理念，指出“我们成功的一个重要原因就是有些事我们没有做”。

飞轮而非厄运之轮：郭士纳反对激进的举措，而是花时间细细地研究IBM面临的问题。尽管很多分析师、媒体和其他专家普遍认为IBM需要分解为几个分公司，郭士纳还是选择了维持公司的现状不变。郭士纳中止了那些和刺猬理念不相吻合的业务，停止了开发OS/2操作系统，中止研发应用程序软件，出售公司的联邦系统部。与此同时，郭士纳在媒体面前很低调，从来不会先说后做，他自律地做到说话低调、做事漂亮。郭士纳摒弃了那些和公司核心战略不吻合或是不能带来巨大收益的收购项目。随着IBM的整合服务理念吸引了越来越多的人，郭士纳团队充分利用日渐兴盛的网络理念，转向网络电脑技术并推出IBM的e服务。

造钟，不是报时：郭士纳写道："根据我在IBM的经验来看，企业文化并非事业的一部分，而就是事业本身。"为了强化高管要负责创造财富而非坐拥财富的观念，IBM的高管如果自己不掏出现金来购买公司股票的话，他们就不能得到公司给予的股权激励。郭士纳打造了一支人数限定在300人以内的领导层。这一领导层并不能得到一年一签的铁饭碗协议，他们的职务都要根据各自的表现相应地进行调整。到了2002年，原来的300人领导团队中只有71人得以留任。郭士纳也积极物色下任首席执行官的合适人选。

保存核心，刺激进步：郭士纳破解了核心价值与运营实践之间纠缠的难题。他摒弃了公司的积习以及不合理的规定，同时将公司的核心价值观与追求卓越的热情发扬光大，“你是IBM的牛人，见鬼去吧！。”他树立了远大的目标，要打造全世界最有影响力的科技服务公司，因为IBM断定电脑互联网技术将取代原来各自为战的电脑用户格局。基于这一判断，IBM在20世纪90年代后期以及本世纪之初启动了公司的“登月之旅”。郭士纳团队将商业流程中的每个环节都进行了改写，1993~2002年期间减少了140亿美元的冗余开支。

附录6（B） 企业东山再起的案例：纽柯公司

HOW THE MIGHTY FALL

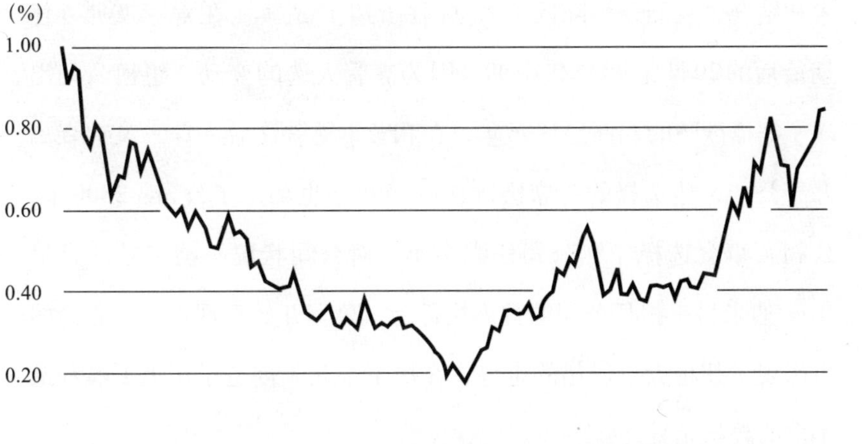

纽柯公司股票累积收益率和大盘股指比较图

（迪米科2000年就任纽柯公司首席执行官之后）

资料来源：芝加哥大学商学院研究生院证券价格研究中心。

概况：过去50年间，纽柯公司实现了从优秀到卓越的华丽转身。1965年，纽柯公司面临破产的风险，公司董事会任命了肯·艾弗森（Ken Iverson）为首席执行官。在肯·艾弗森的领导下，纽柯公司建立起了自己的第一个钢厂，原因是公司找不到一个可靠的供货商。之后，公司发现自己在制造钢铁产品方面很有优势，自己生产的钢铁产品物美价廉，因此建造了多家小型钢铁厂。最后，公司创造的利润比《财富》杂志1 000强榜单上任何其他钢铁企业都要多。1975~1990年，公司的股票累积收益率超过大盘股指5倍。公司成功的基石在于将以绩效为驱动要素的企业文化同先进的制钢技术相结合，从而逐渐降低了单位钢材的生产成本。在肯·艾弗森任期最后的20世纪90年代中期，因为高管人选的变动，纽柯公司出现了摇摇欲坠的局面。1996年，在和董事摊牌之后，肯·艾弗森离开了公司，他选择的首席执行官在1999年也离开了公司。2000年，公司董事会选择了在公司任职多年、对公司状况一清二楚的丹尼尔·迪米科来担任公司的首席执行官，公司开始重现雄风，股价图也出现了超越大盘股指的走势，在接下来几年创造了历史上赢利最丰厚的数年光景。

下面我把纽柯公司的复苏轨迹用《从优秀到卓越》的理念进行剖析（对这些理念的阐述请参考附录7）。

第5级经理人：丹尼尔·迪米科表现出了对纽柯公司及公司文

化理念的执著。他于1982年加入公司，在担任首席执行官之前已在公司效力了18年。迪米科继续维持着纽柯公司一视同仁、没有等级之分的公司文化，他出差搭乘普通的商业航班，自己会接所有员工打来的电话，咖啡壶里没有咖啡他会主动煮咖啡，他在一栋毫不起眼、低矮的大楼的普通办公室里工作。迪米科一直在倡导一种管理层为普通员工服务的企业文化。他不喜欢邀功，而是把功劳让给别人。尽管在肯·艾弗森卸任交接的时候，公司管理层出现了动荡局面，但迪米科还是高度称赞了前任的功绩："我们今天所拥有的成绩离不开前任的努力，尤其是肯·艾弗森和他团队的贡献。"

先人后事：迪米科延续了公司的传统——即将纽柯公司所有员工的名字都印在了公司年报的封面上，2007年签名足有18 000个。这一做法是为了表明，纽柯公司之所以能有如今的优势，最重要的是拥有适应公司文化的员工。迪米科和他的管理团队认为，与其招聘那些会生产钢铁但却为人不正派的员工，还不如雇用那些工作作风和人品正直的员工，传授他们生产技艺，使其为公司作出贡献。在迪米科的领导下，纽柯公司日益重视员工的发展，而非仅仅是挑选合适的人员，公司还为每个经理人打造了适合他们自身特点的领导力培训项目。

直面残酷的现实：迪米科和他的管理团队正视来自中国同行的

竞争压力。他们直视能源价格波动所带来的风险，并制定了一种风险规避战略以方便公司购买能源。他们在财务制度上采取了较为保守的做法，从而确保公司资产负债表的平衡，并在艰难时代从较为弱小的竞争对手手里夺取市场份额。

刺猬理念：纽柯公司将发展之道立足于一个简单的理念：要满怀激情地去关注客户的需求，努力使自己的企业文化和技术日臻完善，从而生产出低成本的钢产品，并逐步提高每吨钢产品的利润。迪米科和自己的管理团队完全投入到实现这一核心理念的工作中，并适时地进行战略调整（参见下文的保存核心，刺激进步）。迪米科坚持纽柯公司将注意力集中在能够取得世界最优成绩和突出经济效益的领域之内，同时舍弃了轴承和碳化铁等低效的业务。

训练有素的文化：迪米科弘扬了纽柯公司注重生产效率的企业文化。纽柯公司重视的并不是员工的头衔和地位，而是看重员工的绩效。那些达到或超额完成生产指标而又没有出现安全或质量问题的员工将得到工资一倍到两倍的奖金。此外，奖金发放是针对整个小组而定，这就鼓励所有的员工都对生产的全过程负责，而非仅仅是自己的环节。如果一个小组生产出某个批次的钢材产品质量不合格，那么所有的小组成员都会被扣掉奖金；如果这个批次的产品流入客户手中的话，那么将会被扣掉3倍的奖金。这一整套体系都是为了向公司的员工强化一个理念：你在公司获得薪水，并不是因为你有一个“饭碗”，而是因为承担起了双重使命——生产出物美价廉的钢产品并满足客户的需求。

飞轮而非厄运之轮：迪米科的做法和抓救命稻草与反复多变完全不同。他深知持之以恒的重要性，从而为主飞轮的运转不断增添动能。在钢铁行业困难重重、多事之秋的2001年，他在公司致股东的公开信中表示：“我在去年给您写过同样的内容，我也希望您再过一年还能读到类似的内容。不管钢铁行业或者世界上发生了什么变化，我们绝不能忘记自己的首要目标。”2003年钢铁行业内波诡云谲，迪米科写道：“不论经济走势如何，纽柯公司都会坚守40多年来帮助我们持续赢利、增长的原则。”

造钟，不是报时：对纽柯公司进行系统测试的一个终极指标在于，公司在任职长达30年之久的肯 · 艾弗森离职时安然渡过了人事震动的风波。迪米科致力于要将公司的企业文化和组织活力继续传承下去，这样一来，公司的持久复苏就不会仅仅依靠他一个人的领导魅力。

保存核心、刺激进步：迪米科明确地表示，要坚守公司的价值观和原则，并因时而变地进行调整，“公司必须要不断进化，确保核心原则不会受到冲击”。在迪米科的领导下，公司取得的进步包括更加关注客户利益、将他们的需求当成进步的恒久催化剂、创建了内部对照分析机制。迪米科改变了原来依靠外部钢厂的做法，转而建立了内部的小型钢厂，并且根据三项决策原则进行收购：不要多付钱、坚守自己的核心业务、确保企业文化的兼容性。迪米科还在科技方面进行了投资和实验，包括建立全球第一个碳钢铸带产品生产线。

附录6（C） 企业东山再起的案例：诺思通公司

HOW THE MIGHTY FALL

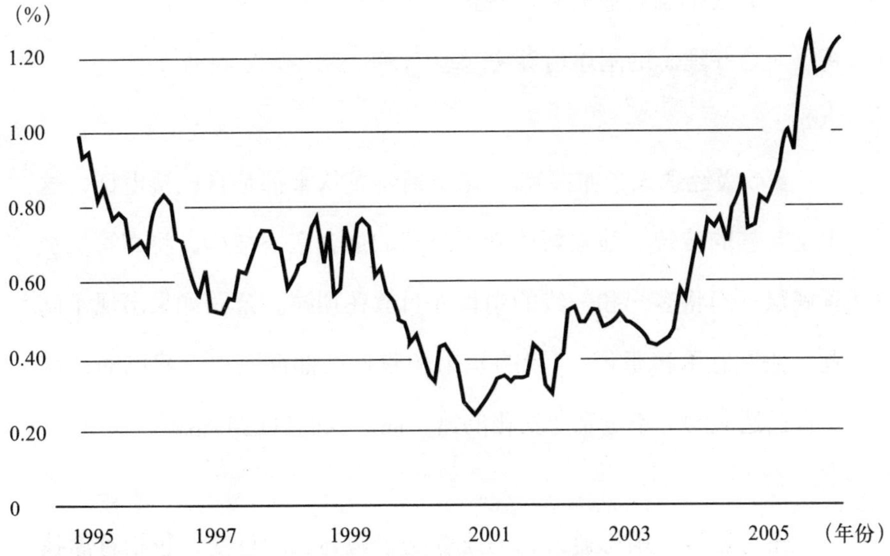

诺思通公司股票累积收益率和大盘股指比较图

（布莱克·诺德斯特龙2000年就任诺思通总裁之后）

资料来源：芝加哥大学商学院研究生院证券价格研究中心。

概况：诺思通公司向来以周到的客户服务著称，它是20世纪最卓越的零售公司之一。20世纪90年代，公司的业绩开始一路下滑，并在2000年出现业绩的大幅下探，同一家商场的实际销售额都在下降。自从诺德斯特龙家族的第四代成员布莱克·诺德斯特龙接掌了公司的权杖之后，公司在2000~2006年实现了强劲复苏。布莱克·诺德斯特龙继任后，立足于原先让公司取得成功的主飞轮（优质的客户服务和职业化的销售水平），同时不断提升公司的库存控制等后台系统水平。

下面我把诺思通的复苏轨迹用《从优秀到卓越》的理念进行剖析（对这些理念的阐述请参考附录7）。

第5级经理人：布莱克·诺德斯特龙从来都是自己接电话，这也是家族的传统。他重新确立了公司的倒金字塔结构，将高管层放置底层，而将客户和一线的销售人员放在顶端。公司如果出现了问题，他愿意承担责任："我的兄弟和我自己都很明白，我们的错误是自己造成的，不是企业文化的错，而是我们自己的错。"

先人后事：诺思通公司的改变始于领导层的巨变，包括首席执行官、首席信息官、首席财务官和各家商场的总裁等人事变动。诺德斯特龙坚持要根据价值观和性格雇用人的理念，他说："我们可以雇用好人，然后教会他们怎样去销售；但是我们没法先雇用销售员，再教会他们如何做个好人。”诺思通公司坚持在关键的岗位上要有合适的人选。诺思通的一位高管这样表示：“我们宁可屡屡输掉诉讼案，也不愿意雇用平庸的员工，因为这些人会使得他们周边的同事也变得平庸，降低他们的工作效率。”

直面残酷的现实：布莱克·诺德斯特龙直面公司的现实，因为公司偏离了致力于为客户服务的企业文化，而且公司的基本运营体系也需要升级。布莱克·诺德斯特龙将2亿美元投入到一个新的永久性仓储体系上，这样一来公司不仅可以减少仓储成本，也可以便于销售人员迅速找到顾客所需要的产品。

刺猬理念：领导层重新认识到了公司的核心理念，即通过建立销售人员和顾客之间的纽带，公司可以成为全球最好的百货商场零售企业。公司的复苏建立在简单而深刻的一个商业观念之上：通过给销售专家提供改良过的后台系统（尤其是仓储系统），重新和客户建立起恒久的纽带，并通过改善投入资本报酬率来改善公司的核心经营竞争力。公司也加深了对于赢利的认识，经济回报的驱动因素就是平均每件仓储产品所能带来的利润。

训练有素的文化：诺思通公司回归了创造公司昔日辉煌的成功之道，聘请富有激情的销售专业人士、制定绩效和客户服务方面的高标准、给予他们为客户利益最大化作决定的空间。公司重新颁布了企业守则，其中强调的唯一守则就是在所有情形下都运用好自己的判断力。布莱克·诺德斯特龙在公司2003年的年报中写道："最大的成就或许要数把公司变成了一个越发训练有素的企业了。"

飞轮而非厄运之轮：布莱克·诺德斯特龙专注"循序渐进但却意义长远的进步"，而不是那些大跨步式的改革。对于斥资40亿美元但却以失败告终的"自我重塑"项目，他指出："这是尝试有所改变的举动，但我们却迷失了自我。我们的客户显然不希望作出改变，当然也不希望我们公司彻底改变。"2004年，布莱克·诺德斯特龙写道："公司要想成功，并不需要采取一种新的商业模式。相反，我们需要延续原有的做法，并继续发挥既有的优势。"

造钟，不是报时：布莱克·诺德斯特龙注重完善公司的企业文化和支持体系，这样一来，公司的复苏就不会仅仅依靠某位领导人的存在而实现。布莱克·诺德斯特龙将公司的高管团队进行了重组，公司的高管团队就不会是依靠他一个人的一言堂，即使他退位之后，公司也依旧会再续辉煌。当我在写这一章的时候，布莱克·诺德斯特龙仍担任着公司的总裁。

保存核心，刺激进步：布莱克·诺德斯特龙强调延续公司的核心价值观（把为客户提供优质服务放在首位，持续不断改进自我的激情，企业家精神，注重维护公司卓越的声誉），同时对公司的运营体系和做法进行了较大的调整，以便为维护这些核心价值观提供帮助，包括运营新体系、分享最佳的实践经验以及追求更佳的购物体验。

附录7　从优秀到卓越的理念汇总

提示：在我们的网站www.jimcollins.com上，我们已经列出了通过这些理论视角来剖析公司的诊断工具。在任何企业内部，使用这些工具都是免费的。

（第一到第三阶段所使用的原则来自吉姆·柯林斯所著的《从优秀到卓越》；第四阶段所使用的原则来自吉姆·柯林斯和杰里·波勒斯所著的《基业长青》。）

第一阶段：训练有素的员工

第5级经理人：第5级经理人对事业、组织、工作和自己都有着远大的抱负，意志坚定地采取一切措施来促进目标的实现。第5级经理人表现出了做人低调、做事高调的矛盾性格。

先人后事：能够掌舵卓越企业的人在关心船开往何方之前，都要确保合适的水手上船，不合适的水手下船，并且合适的水手要坐在合适的位置上。他们具有先人后事的思维习惯。

第二阶段：训练有素的思维

直面残酷的现实：不论遭遇了多少艰难险阻，都保持着克服万难的决心，同时能够坚韧不拔地直面当下所遇到的各种挑战。

刺猬理念：卓越的成就基于一个简单、有力的理念——刺猬理念。刺猬理念这个颇具实际指导意义的理论体现出了对三环交叉部分的理解：你能在什么方面成为世界上最优秀的，你对什么充满激情，你的最佳经济驱动引擎是什么？

第三阶段：训练有素的行动

训练有素的企业文化：训练有素的员工用训练有素的方式进行思考，并采取训练有素的行动，在职责的范围之内自主行动，这是打造卓越企业的文化基石。人们在企业内并不仅仅是在工作，而是在承担职责。

飞轮：世上不存在什么一蹴而就的妙方，企业的兴盛不能仅仅依靠宏伟的工程、创新的杰作、幸运降临或是奇迹到来。相反，成功的过程需要我们坚持不懈地推动一个巨大的飞轮，让它不停运转，逐渐加速直到产生突破的质变动能。

第四阶段：让基业长青

造钟，不是报时：真正卓越的企业能够经历几代领导者而基业长青，而不仅仅是依靠单独某个卓越的领导、想法或项目。卓越企业里的领导能够培养成功的催化剂，而不是依靠某个富有魅力的领袖来实现目标。在这样的企业中，很多人“对魅力型的领导不感冒”。

保存核心，刺激进步：基业长青的企业表现出了一种深刻的双重特征。一方面，它们有一系列不因时而变的核心价值观和长期坚守的核心立足之本；而在另一方面，它们又有对变革、进步的不懈激情，这种创造冲动往往会以宏伟、艰难和大胆目标的形式表现出来。卓越的企业深悉核心价值观（绝不改变）和运营战略、企业文化调试（需要不断地与时俱进）之间的区别。

通过运用从优秀到卓越的框架（卓越成就的因素）	→ 你打造起……的基础 →	卓越的组织（卓越性的成果）
第一阶段：训练有素的员工 第5级经理人 先人后事		**创造出色的绩效** 在商界，绩效就是经济回报以及公司目标的实现情况；在社会领域，绩效就是社会目标的实现结果和效率
第二阶段：训练有素的思维 直面残酷的现实 刺猬理念		**发挥不可替代的影响力** 企业为所影响的社区作出独一无二的贡献，表现超越同侪。如果这个企业消失了，那么它留下的空洞将很难由星球上的其他机构来替代
第三阶段：训练有素的行动 训练有素的企业文化 飞轮		**打造长青基业** 长盛不衰的基业不会因为某个领导人、某个观点、市场周期或某个项目而改变。企业即便遭受了困难，也很快会强势回归
第四阶段：让基业长青 造钟，不是报时 保存核心，刺激进步		

致谢

这本书能够出版，我要对很多人的帮助表示感谢。

我首先要感谢ChimpWorks管理实验室的同事，他们在创作本书和让管理实验室良好运转的过程中花费了大量心血：苏珊·巴洛不厌其烦地反复核对书中的数据和引语；迈克尔·莱恩在编辑和谋篇布局方面的工作堪称一流；塔夫·海托华饱含热情地对全书进行了审读；朱迪·邓克利确保此项目的方方面面都有条不紊地进行(也让我们所有人都感到畏惧)；维基·莫瑟·奥斯古德多年来都为管理实验室大飞轮的运转献力献策；凯西·沃兰德-特纳作为我的得力助手一直在快乐、高效地工作，从而让我能够专注于创作和教学工作。

我要感谢我的研究团队对本书的贡献：罗宾·比特纳在分析和事实核实方面做了很多工作；凯利·布莱克默重点研究了默克

公司；布拉德·卡尔韦尔重点研究了惠普公司和IBM公司；劳伦·楚吉研究了零售巨头诺思通公司；特伦斯·卡明斯在多个项目中作出了重要贡献，在本书创作过程中也帮助我选择案例；托德·德赖弗在财务分析、IBM公司的研究和数据查证方面出力不少；瑞安·霍尔在案例选择和收集关键数据方面贡献不小；洛里·林费尔德研究了百思买、电路城以及在事实核对方面贡献颇多；凯瑟琳·帕特森在分析工作上作出了贡献；马修·犹那斯特在案例选择以及研究施乐公司时孜孜不倦；纳蒂·佐拉一直在帮我提供具有真知灼见的分析和建设性意见。

我要感谢本书的编辑德博拉·诺克斯，她不辞辛苦地花费了数百个小时，向我们提出了很多尖锐的问题，并对本书进行编辑、核实事实、润色，数十次不厌其烦地修改书稿，她也对默克公司和房利美公司进行了广泛的研究。

我想感谢对本书的谋篇布局以及写作提供了慷慨帮助的多位批判性读者，他们包括比尔·阿克特梅尔、杰瑞·贝尔、埃德·贝托夫、安·S·鲍尔斯、威廉·P·布坎南、斯科特·锡德伯格、艾伦·G·丘特博士、肯·科尔曼、艾伦·J·戴比尔、布赖恩·迪夫、杰夫·唐纳利、萨尔瓦多·D·法佐拉尼、安德鲁·费勒、克劳迪奥·费南迪·阿罗兹、克里斯托弗·弗曼、迪克·弗罗斯特、丹尼斯·戈德查尔斯、维尼·H·格罗斯、埃里克·哈根、帕梅拉·赫曼、利兹·赫森伦、约翰·B·赫斯、弗兰克·海托华、菲尔·霍奇金森、金伯利·霍林斯沃思·泰勒、约翰·A·约翰逊、艾伦·凯泽、贝蒂娜·科斯基、凯文·麦加维、托马斯·W·莫里斯、托姆·尼尔森、迈克尔·普鲁丁、博比·拉奥、格罗尼亚·A·雷加布托·本特利、吉姆·雷德、内维尔·理查森、凯文·鲁蒙、吉姆·桑切斯·雷尔、德科·斯利姆、罗伊·斯彭斯、弗兰克·沙利文、凯文·塔威尔、简·泰勒、汤姆·蒂尔尼、艾伦·韦伯、吉姆·韦德尔和沃尔特·王。我要特别感谢弗兰克·苏利文为本书贡献了书名。

我也要特别感谢科罗拉多大学威廉·M·怀特商学院图书馆的贝蒂·格里比和卡罗尔·克雷斯曼，在我的研究助手艰辛工作时，她们提供了热情而周到的服务。我要感谢芝加哥大学商学院研究生院证券价格研究中心给我们提供的高质量数据和出色的服务。我也要感谢丹尼斯·贝尔和罗尼·德拉博的专业帮助，在我办公室搬迁期间，他们还提供场地让我能继续从事创作工作。

我要特别感谢弗朗西斯·赫塞尔本和迪克·卡瓦那邀请我去西点军校讲课，从而激发了我要深入地研究这一课题。我要感谢布雷克·英格兰德概括出了“坚定的希望”这一说法，它很精辟地描述了我们的研究发现。我也要感谢鲍勃·比福德在我一再提问时给予的一贯热情，这也激发了我的很多好奇心，他“给人生做减法”的理念也让我受益颇多。我要感谢艾伦·沃泽尔和戴维·乌克斯韦尔帮我概括出衰落的各个阶段，对他们一直以来的友情和对我们的信任我深表谢意。

我要感谢彼得·金斯伯格多年来的支持、鞭策和他的专业精神，也要感谢他总能提出别人未曾尝试的出版理念，并将这些理念一一付诸实践。我要感谢霍利斯·海波奇在编辑方面的敏锐嗅觉、她的支持以及和我一起开拓新事业的意愿。

我很欣赏珍妮特·布罗克特在设计方面的天分，我们之间的友谊让我受益良多。

我要感谢卡琳·马洛尼超越同侪的智慧和创意观点。

我也感谢朋友兼研究同事莫滕·汉森，他一直给予我灵感，并对我的研究给出了批判性的反馈和实用的指导意见。

我也要感谢自己的家兄一直以来给我的支持和鼓舞，尤其是我的大哥迈克尔·柯林斯。

最后，和以往一样，我要感谢我的人生伴侣和最好的朋友乔安妮·厄恩斯特，她一直用最挑剔的眼光来审视我的作品并无怨无悔地支持我。我们结婚已经29年了，我们的婚姻也历久弥新，每一天我都为自己感到庆幸。

Successful Habits of Visionary Companies
基业长青
[珍藏版]
BUILT TO LAST
[美] 吉姆·柯林斯 杰里·波勒斯 著
企业永续经营的准则
世界上每一位CEO、经理人和
企业家都应该阅读这本书。

《发现利润区》（白金版）

THE PROFIT ZONE

[美] 亚德里安·斯莱沃斯基　大卫·莫里森
劳伦斯·艾伯茨　保罗·克利福德　著

凌晓东 等译

出版时间：2010 年 4 月

定价：45.00 元

《商业周刊》最佳商业畅销书
影响中国商务人士的 20 部著作之一

追求卓越的激情（珍藏版）

A Passion for Excellence: The Leadership Difference

[美] 汤姆·彼得斯　南希·奥斯汀　著

张秀琴　译

出版时间：2010 年 5 月

定价：58.00 元

影响管理者一生的经典著作
管理大师汤姆·彼得斯畅销经典
管理学圣经《追求卓越》续篇
世界上无数企业都在共享本书的管理之道

企业衰落测试卡

1. 你的企业已经开始衰落了吗？

A. 我们之所以成功，因为我们做了这些特别的事，我们也知道在什么样的条件下，原来的做法并不管用。

B. 我们这么厉害，我们可以做任何事！

C. 现在的困难没什么大不了的，都是暂时的、周期性的、不至于那么糟糕！

D. 我们要推行暴风雨式的变革、研发一鸣惊人的产品，我们要尝试改变行业版图的收购大行动！

作为管理者，如果具有上述任何一个想法，你的企业已经出现衰落的迹象，如果企业组织中充斥着这些观念，更严重的衰落将接踵而至。

2. 你的企业关键岗位是适合人选吗？

A. 遇到糟糕的情形时，员工不会主动告诉别人出了什么事，而有意向领导隐瞒严峻的现实情况，担心领导了解到现状之后会处罚和批评自己。

B. 在讨论会上，员工在没有提供数据、证据和有逻辑的论断的前提下依然坚持己见。

C. 团队领导者说话具有绝对权威，几乎不许别人插话提问。团队其他成员不能对讨论作出实质贡献。

D. 团队成员默认一项决议，但是并没有用合力来促使这项决议得以成功推行；更糟糕的是，还有人会故意搞砸这项决议。

当你的团队中出现上述任何一种情况，你都要重新考虑关键岗位上是否已经有大量的人才流失，领导层的精神状态和交流方式会大大影响企业的发展进程。

3. 你的企业大飞轮（主营业务）状况良好吗？

A.尽管当前的业务机会让你感到无趣，你是否更倾向于认为新的机会比原来的主营业务更能支撑公司的成功运营。

B.新的业务很快折戟，同时耗费了公司最好的创造力，或者新业务要取得成功需要耗费的时间超过预期的时间。即使这样你仍要将全部精力投入新的业务吗？

C.你觉得在接下来的5~10 年间，你原先的主营业务会因为不可控的外部力量而行将灭顶吗？如果经济发展强劲，主营业务不可能继续在业界中领跑吗？

D.你是不是已经失去了对主营业务的热情？

如果你对上述两个问题的答案都是否定的，那么就拿出当初创业的那份执著，将想象力和热情都投入到主营业务中去（当然，你也应该继续尝试新点子，这既是取得进步的一种途径，也是防止未来不确定性的一把保险锁）。

4、对于新业务的战略和措施是合适的吗？

A.这些新举措能够点燃员工的激情并和企业的核心价值观相吻合吗？

B.企业能成为这些领域和业务上的全球翘楚吗？

C.这些业务活动会使得企业的资金和人力资源得到更好的配置和利用吗？

如果你对上述三项问题没有明确而坚定的答案，那么企业贸然采取激进的举措，只会让公司陷入更严重的衰落阶段。

5.企业领导者的权力交接顺利吗？

A.某位说一不二的领导没能培养起能干的接班人（或者没法容人，把强者都赶走了），导致当他离职后，组织出现了权力真空。

B.某位能干的高管出人意料地离世或离职了，没有人可以迅速接替他。

C.董事会在选择继任人的问题上分歧严重，董事会分成了不同的派别。

D.领导者只要可以掌权，就一直掌权，然后匆忙传位，让羽翼未丰的某个下属接班，自己充当管理人的角色。

E.家族企业偏爱自己本家族的人而非“外人”，他们喜欢任人唯亲，而非任人唯贤。

F.董事会从外部聘请了一位职业经理人来继任，而这位继任者的理念和公司的核心价值观并不吻合。最后，他像瘟神一样被赶走了。

如果你的企业符合上述任何一项，就说明企业领导者在权力交接上搞砸了。没有哪个领导者能够单枪匹马地打造一家基业长青的企业，而大权独揽的不合适的继任者一个人就能把企业搞垮。

6.当公司陷入困境，你是否已经铤而走险？

A.把希望寄托于不知是否可行的战略上，误打误撞地采用新科技、进入新市场、开展新业务，而且往往大张旗鼓、虚张声势。

B.面对威胁时采取孤注一掷的做法，以至于使公司陷入更危险的境地，并占用了公司更多的资金，增加了公司的财务风险。

C.急躁冒进地推进变革，用近乎发动革命的方式改变公司的每个方面，这也威胁到了公司，甚至使公司放弃了核心优势。由于经常重组或者不具有连续性的重大决策，公司前进的攻势受到破坏。

D.表现糟糕，却给员工开出美好未来的空头支票。

当我们发现自己就处在悬崖的边缘时，我们求生的本能和心中的恐惧会让我们为了活下去做出效果适得其反的举动。当我们需要冷静下来采取行动的时候，我们往往会冒险造成自己最不愿意看到的危险局面。

7. 衰落企业强势复苏需要哪些关键因素？

A.一个执著于公司文化理念、懂得如何作出艰难决定的领导者。

B.先人后事，关键岗位安排合适的人选，拥有适应公司文化的员工。

C.直视风险、做出基于现实但不仓促的决策，专注“循序渐进但却意义长远的进步”，而不是那些大跨步式的改革。

D.满怀激情并持续关注客户需求。

E.摒弃官僚文化，看重员工绩效。

F.集中精力和财力于公司核心目标和主营业务上。

G.打造富有责任感、创新意识的管理团队，能将企业文化和组织活力继续传承，而不是依靠某个明星领导者的个人魅力。

H.坚守公司核心理念（例如将为客户提供优质服务放在首位，持续不断改进自我的激情，企业家精神以及注重维护公司卓越的声誉），并与时俱进。

企业很难摆脱衰落的命运。世上并没有强者恒强这样的铁律，但企业复苏的密钥在很大程度上还是掌握在我们自己手中。